자기력선의 비밀

대한과학진흥회 엮음

스완미디어
SWAN MEDIA

책 머리에

오늘날 우리들은 고도로 발달된 과학 문명의 혜택 속에 살고 있습니다.

우리의 선진 조국 창조를 위해 무엇보다 중요한 것이 과학 기술의 개발입니다. 특히 자원이 부족한 우리나라에서 가꾸어야 할 유일한 자원은 과학 기술로 무장한 풍부한 인력 자원입니다.

대한 과학 진흥회에서는 배우는 학생들을 위해 사물을 깊이 관찰하는 습관과 합리적이고 창의적인 과학적 사고를 심어 주기 위한 방법의 하나로 과학 문고를 엮어 내고 있습니다.

과학 문고를 펴냄에 있어서 딱딱한 과학지식을 그림을 곁들여 쉽고 재미있게 이야기로 풀어 써서 학생들이 스스로 원리를 발견하고 재미를 느끼게 함으로써 과학의 여러 분야에 대하여 흥미를 갖고 접근할 수 있도록 하였습니다.

이 책과 더불어 많은 학생들이 과학에 깊은 관심을 갖고 탐구심과 창의력을 기르며 과학을 생활화 할 줄 아는 사람이 되는데 많은 도움이 되었으면 하고 바라는 마음 간절합니다.

기획편찬 **대한과학진흥회**

차례

자석이란 무엇일까 16

자석의 성질 41

자기력선의 비밀 54

자석은 잘라도 자석이다 65

약자성과 강자성 76

자석의 발달 93

자석의 이용 123

자석의 미래 147

자석이란 무엇일까?

자석의 발견

자석의 대표적인 성질은 무엇일까요?

자석은 쇠를 끌어당기는 특이한 성질을 가지고 있습니다. 또한 남쪽과 북쪽을 가리키는 일도 합니다.

그렇다면 이처럼 신비한 자석이 인간에게 처음 발견된 때는 과연 언제였을까요?

자석은 서양에서 먼저 발견되었다고 전해집니다.

기원 전 7세기 경, 서양 사람들은 쇠를 끌어당기는 이상한 돌을 발견하고는 몹시 놀랐습니다.

그 후로부터 4세기쯤 뒤인 기원 전 3세기 경, 중국에서도 쇠를 잡아당기는 돌을 발견했습니다.

이처럼 처음 발견된 자석, 즉 쇠를 잡아당기는 돌들은

그 당시 땅 속에 묻혀 있다가 어떤 계기에 의해 바깥으로 드러나게 된 자철광 종류였을 것으로 추측됩니다.

저만치 떨어져 있던 쇠로 된 물건이 마치 발이라도 달린 것처럼 저절로 스르르 다가가서 검은 바위에 착 달라붙는 현상을 본 고대 사람들은 처음에 무척 놀랐을 것입니다.

이처럼 자석의 신비한 성질은 사람들로 하여금 갖가지 신기한 상상을 자아내게 하였을 것입니다.

처음에는 마법의 돌로 여겨졌던 자석이 사람에 의해서 본격적으로 연구되기 시작한 것은 영국 여왕 엘리자베스 1세 때입니다.

1600년이 되자 엘리자베스 여왕의 주치의였던 길버트라는 사람이 자석에 관한 책을 지어 발표했습니다.

이 책에는 그 동안 자석과 관련되어 전해져 내려오던 갖가지 전설이나 미신의 잘못된 내용들을 과학적으로 분석하여 자세히 설명해 놓은 이야기들이 실려 있습니다. 이 때 유행했던 자석에 관한 미신은 지금 들으면 얼토당토 않는 우스꽝스러운 내용들이었습니다.

자석은 마늘이나 다이아몬드에 약하기 때문에, 그 근처에 자석을 놔두었다가는 자석의 기능을 잃게 된다는

이야기도 있었고, 자석을 손에 쥐고 있으면 관절염을 낫게 한다는 허무맹랑한 이야기가 떠돌기도 했습니다.

또한 자석은 여성으로부터 오는 재앙을 몰아내고 악마를 멀리 도망치게 하는 힘을 지녔다고 주장되기도 했습니다.

게다가 사이가 좋지 않은 부부 사이에 자석을 갖다 놓

으면 두 사람의 사이가 좋아지고, 멀리 떠났던 아내를 남편에게 다시 돌아오도록 하는 신비를 지닌 물건이 바로 자석이라고 소문이 나기도 했습니다.

철을 끌어당기는 자석의 특이한 성질이 사람의 입으로 전파될 때마다 확대되고 확대되어서, 나중에는 자석이 무조건 떨어져 있는 모든 것을 붙이는 특효약으로 소문나기에 이르렀던 것입니다.

이러한 이야기들은 아주 오랫동안 사람들 사이에 전해져 내려왔습니다.

사람들은 아무런 의심도 없이 자석에 대한 신비를 믿고 따랐습니다.

그러나 길버트는 이러한 이야기들이 너무도 터무니없는 것이라고 생각했습니다.

그래서 길버트는 오랜 기간 동안 자석을 이용하여 갖가지 실험과 연구를 했습니다. 길버트는 자기의 연구를 정리하여 〈자석론〉이라는 책을 펴내었습니다.

이에 앞서, 11세기 초 중국에서 만들어진 책을 보면, 자석이 남북을 가리킨다는 사실이 적혀 있습니다.

자석이 발견된 것은 서양이 훨씬 빨랐지만, 자석에 관한 성질을 발견한 것은 동양이 더 빨랐던 것입니다.

N
S

동양에 의해서 자석이 방위를 가리킨다는 사실이 널리 알려진 한참 뒤에서야 서양에서도 이 사실을 알게 되었습니다.

자석의 특징

자석이 남북 방향을 가리킨다는 사실이 널리 알려지고 난 뒤로부터, 자석을 이용해서 만들어진 나침반이 발명되었습니다.

나침반의 발명은 인류 문명에 큰 공헌을 하였습니다.

나침반이 발명되자, 항해가들은 세계 곳곳을 훨씬 안전하게 항해할 수 있게 되었습니다.

나침반을 시작으로 해서 자석은 인간에게 많은 혜택을 주었습니다.

자석에 대한 연구도 점점 더 깊어만 갔습니다.

그러나 이와 비례해서 자석에 대한 미신도 점점 퍼져나갔습니다.

심지어 1700년 경에는, 자석을 이용한 최면술 요법이 유럽 곳곳에 퍼져 나가기도 했습니다.

자석이 철을 잡아당긴다는 성질을 이용하여, 사람의

정신까지 끌어 당겨보려는 사기꾼들이 등장했던 것입니다.

자석에 대한 연구가 체계적으로 이루어지지 않은 그 당시에는 자석을 이용한 이러한 사기들도 무척 신비하게 여겨졌던 듯합니다.

하지만 오늘날에는 자석에 대한 여러 가지 성질이 과학적으로 연구되어 정리, 발표되었기 때문에 이처럼 허황된 일이 사람들 사이에 퍼져 나갈 수는 없습니다.

그러면 지금부터는 과학적인 자석의 성질에 대해서 알아보도록 합시다.

자석은 쇠로 된 물체를 끌어다 붙이는 물체입니다.

또한 자석은 두 개의 극으로 이루어져 있습니다.

자석의 두 극은 각각 자석의 양쪽 끝에 나타납니다.

그리고 특수한 경우가 아니면, 자석의 양쪽 끝은 거의 대부분 남쪽과 북쪽을 가리킵니다.

이 때 남쪽을 가리키는 자석의 한쪽 끝을 에스(S)극이라고 하고, 북쪽을 가리키는 자석의 다른 쪽 끝을 엔(N)극이라고 합니다.

쇠로 된 물체가 붙는 곳도 바로 이 양쪽 극 부분입니다.

에스극과 엔극으로 이루어지는 두 극 사이의 관계를 관찰해 보면 아주 흥미로운 사실을 알 수 있습니다.

그것은 바로 자석에 있는 두 극 중에서 서로 같은 극끼리는 사이가 좋지 않다는 것입니다.

또한 서로 다른 성질의 두 극은 무척 사이가 좋아서, 자꾸만 서로 가까워지려고 합니다.

에스극과 에스극, 엔극과 엔극끼리는 아주 사이가 나쁩니다.

그래서 두 개의 자석을 가지고 같은 두 극끼리 마주 보도록 가까이 놓아두면 재미있는 현상이 벌어집니다.

에스극은 에스극과, 엔극은 엔극과 마주 보도록 놓아둔 두 개의 자석은 누가 건드리지 않아도 서로 상대쪽에 놓인 자석을 슬금슬금 밀어 내 버립니다.

그것은 두 개의 자석이 서로 눈치를 보며 슬쩍 뒷걸음치는 것처럼 보이기도 합니다.

그러나 두 개의 자석을 서로 다른 극끼리 마주 보도록 놓아두면 사정은 정반대로 달라집니다.

두 개의 자석을 엔극과 에스극이 마주 보도록 놓아두면, 두 개의 자석은 서로를 향해서 조금씩 끌려들어 가게 됩니다.

이러한 자석의 성질을 일컬어서, "두 개의 자석을 갖다 대면, 서로 같은 극끼리는 반발하고, 서로 다른 극끼리는 잡아당긴다."라고 말합니다.

세상에서 제일 큰 자석

이처럼 여러 가지 특성을 가진 자석은 그 모양도 갖가지입니다.

요즘은 납작하거나 동그란 모양의 자석이 많습니다.

그러나 여러분의 부모님이 여러분처럼 초등학생이었을 때에는 말굽 모양을 한 말굽자석과 길다란 막대 모양을 한 막대자석 두 가지뿐이었습니다.

말굽자석과 막대자석뿐이었던 것이 이제는 여러 모로 발전하여 갖가지 자석의 형태를 지니게 된 것입니다.

자석은 큰 것도 있고 작은 것도 있습니다.

또한 자석은 여러 곳에서 아주 편리하게 사용되고 있습니다.

그렇다면 지구 위에 존재하는 자석 중에서 가장 큰 자석은 무엇일까요? 지구 위에는 아주 커다랗거나 작은 별난 자석들이 있습니다.

그것은 사람이 만들어 낸 것이 아닙니다. 자연으로 존재하는 자석입니다.

지구 위에서 가장 큰 자석은 바로 "지구"입니다.

우리가 살고 있는 지구 자체가 자석이라는 말이지요.

지구 자체가 커다란 자석이라는 사실을 발견한 사람은 앞에서 이야기했던 엘리자베스 여왕의 주치의인 길버트입니다.

지구의 양쪽 끝을 "남극"과 "북극"이라고 부른다는 사실을 모르는 사람은 없을 것입니다.

이러한 남극과 북극이 지구라는 자석의 자극입니다.

나침반을 가지고 실험해 보면, 지구의 남극 쪽과 지구의 북극 쪽을 나침반의 바늘이 일정하게 가리키는 것을 알 수 있습니다.

지구의 북극 쪽을 가리키는 남침반의 바늘은 엔극입니다.

자석은 서로 같은 극끼리는 밀어내고, 서로 다른 극끼리는 잡아당기는 성질을 가지고 있습니다.

그러므로 나침반의 엔극 바늘을 잡아당기는 지구의 북극이 나타내는 극은 에스극이라고 판단할 수 있습니다.

엔극을 잡아당기는 것은 에스극이니까요.

그러므로 지구의 북극은 지구라는 커다란 자석의 에스극을 나타낸다는 사실을 알 수 있습니다.

지구의 남극은 나침반의 에스극 바늘이 가리킵니다.

이것 또한 북극의 경우와 마찬가지입니다.

나침반의 에스극 바늘이 가리키는 남극은 지구라는 거대한 자석의 엔극에 속합니다.

에스극을 잡아당기는 것은 자석의 엔극이니까요.

지구를 거대한 자석으로 놓고 본다면, 지구의 양 극 지방과 지구자석의 양쪽 극은 서로 반대 방향을 나타내고 있습니다.

즉 지구의 남극은 지구자석의 엔극이고, 지구의 북극은 지구자석의 에스극이 되는 것이지요.

언뜻 생각하면, 지구의 북극은 지구자석의 엔극이고, 지구의 남극은 지구자석의 에스극이라고 단정짓기 쉽습니다.

그러나 앞에서 설명했듯이 이것은 분명히 반대입니다.

나침반의 엔극이 가리키는 지구의 북극은 지구자석의 에스극입니다.

또한 나침반의 에스극이 가리키는 지구의 남극은 지구자석의 엔극입니다.

어째서 이런 일이 벌어지는지, 이제 여러분이 설명해 보십시오.

그것은 바로 자석의 특징 중에 서로 같은 극끼리는 반발하고, 서로 다른 극끼리는 잡아당기는 성질이 있기 때문이지요.

이처럼 지구가 왜 자석의 작용을 하는지에 관해서는 아직까지도 정확히 알려진 사실이 없습니다.

또한 지구 위에 있는 모든 것들은 제일 처음 생겨날 때부터 지금까지 한 곳에만 붙박혀 있었던 것이 아닙니다.

지구 위에 있는 모든 자연은 땅이던지, 바다던지 간에 조금씩 조금씩 움직이고 있습니다.

아주 오래 전에는 지구 위에 육지는 육지대로, 바다는

바다대로 모두 모여 있었다고 합니다.

그러던 것이 대륙이 서로 갈라져 나와 바다 위를 떠다니면서 땅도 몇 개의 대륙으로 나뉘고, 바다 또한 지금처럼 나뉘어진 것이지요.

그래서 대륙이 움직여 다니던 오래 전의 시절에는 지구라는 거대한 자석의 양극이 지금과는 반대 방향이었을 때도 있었다고 합니다.

이처럼 지구의 역사를 따라 달라지는 지구자석의 양극은 어떻게 알아낼까요?

이러한 일은 지구의 내부에 들어 있는 화석을 조사하여 알아냅니다.

지구 내부에 들어 있는 암석이나 화석들 중에는 아주 오래 전에 형성되어 굳은 지구 안의 또 다른 자석이 들어 있습니다.

이러한 종류의 암석들 중에는 10억 년 전의 지구자석의 영향을 받아 단단하게 굳어 버린 것도 있습니다.

이러한 암석을 조사해 보면, 10억 년 전의 지구자석이 어떠한 상태였는지 알아낼 수 있습니다.

또한 화산에서 분출한 용암에 의해서도 지구자석의 상태를 알아낼 수 있습니다.

뜨거운 상태의 용암은 아무런 자석의 성질도 띠고 있지 않습니다.

그러나 용암이 어느 한 곳에서 흐르기를 멈추면, 점점 식어가면서 딱딱하게 굳어 버립니다.

이 때 용암 중에서도 특히 철 성분을 많이 지니고 있는 용암은 지구의 양쪽 극 방향에 맞추어 자석의 성질을 띠게 됩니다.

이처럼 어떠한 물체가 자석의 성질을 띠게 되는 것을 "자화한다."라고 말합니다.

철 성분이 많이 들어 있는 용암이 점점 굳으면서 자화되어 자석의 성질을 띤 화석을 자철광이라고 합니다.

즉, 용암 속에 들어 있던 성분이 지구자석에 의해 남북 방향을 가리키면서 바위로 굳게 되는 것이지요.

이처럼 화산 근처에 있는 화성암을 조사하여 그 속에 들어 있는 자석 성질을 측정해 냄으로써 지구의 역사에 따른 지구자석의 특성을 알아내는 것입니다.

자철광은 요즈음에 가장 많이 사용되고 있는 자석의 조상이라고 말할 수 있습니다.

이처럼 이 세상에서 가장 큰 자석을 말하라면, 자석의 성질을 띠고 있는 지구 그 자체라고 말할 수 있습니다.

다만 한 가지 주의할 점이 있습니다.

즉 지구의 양쪽 극 지방과 지구자석의 양쪽 극이 서로 반대라는 것입니다.

지구의 남극은 자석으로 본 지구의 엔극, 지구의 북극은 자석으로 본 지구의 에스극이라는 것이지요.

세상에서 제일 작은 자석

이 세상에서 가장 큰 자석이 지구라면, 이 세상에서 자연적으로 존재하는 것들 중에서 가장 작은 자석은 무엇일까요?

그것은 살아 있는 생물의 몸 속에 들어 있는 아주 작은 생체자석입니다.

생체자석을 가지고 있는 생물로 가장 대표적인 종류는 철새들입니다.

철새는 철따라 지구 위의 여러 곳을 이동해 다니며 사는 종류의 새를 말합니다. 따뜻한 곳에서 사는 새들은 따뜻한 곳을 찾아 이동하고, 추운 곳에서 사는 새들은 추운 지방을 찾아 이동하며 살지요.

이러한 철새들은 주로 지구를 남북으로 이동합니다.

지구 자체가 자석이라고 말할 수 있으므로, 이처럼 남북으로 이동해 다니는 철새들이 어떠한 자석의 성질을 이용해서 이동하는 것이 아닐까 하는 과학자들의 추측이 생체자석을 발견해 내는 계기가 되었습니다.

또한 철새가 아닌 새 중에서도 생체자석을 지니고 있는 새가 있습니다.

비둘기가 바로 생체자석을 지닌 대표적인 새입니다.

비둘기는 전서구라고도 합니다.

전서구란, '편지를 전하는 새'라는 뜻입니다.

교통이 발달하지 못했던 시절에는 비둘기를 길들여서 편지를 전달했습니다. 비둘기는 아무리 먼 곳으로 날아갔다가도 자기 집을 잘 찾아 돌아오는 특성이 있습니다. 이 성질을 이용하여 비둘기를 길들이는 것입니다.

이러한 비둘기의 특성을 연구하던 과학자들은 아주 놀라운 사실을 발견하였습니다.

바로 비둘기의 머리 속에 아주 작은 자석이 들어 있다는 사실입니다.

이 사실이 발견된 때는 1979년입니다.

미국의 과학자들은 비둘기의 머리뼈와 뇌 사이에 얇은 막 사이에서 2×1mm 정도 되는 아주 작은 조직을 발견하였습니다.

그 속을 해부해 보았더니, 자석의 성질을 띠는 작디 작은 마그네타이트 덩어리가 들어 있었습니다.

마그네타이트는 주로 자철광으로 이루어져 있습니다. 그러므로 이것은 아주 작은 자석이라고 말할 수 있습니다.

비둘기의 머리 속에 들어 있던 마그네타이트는 길쭉하게 생겨서, 그것을 나침반의 바늘이라고 생각해도 될 정도였습니다.

즉 비둘기는 자기 머리 속에 들어 있는 나침반 바늘로써 방향을 알아내었다는 사실이 발견된 것입니다.

그런데, 이러한 비둘기의 생체자석보다도 더 작은 자석이 있습니다.

이것은 미국의 과학자들이 박테리아 연구를 하던 중에 발견하였습니다.

박테리아 중에는 자석을 향해서 모여드는 주자성 박테리아가 있습니다.

즉 박테리아가 들어 있는 곳에 자석을 넣어 두면, 박테리아들이 일제히 자석을 향해서 헤엄쳐 가는 것입니다.

또한 자석을 넣어 두지 않더라도, 박테리아들은 어느새 지구자석의 성질을 알아내어 그 쪽으로 몰려가는 것입니다.

즉 북반구에 있는 주자성 박테리아들은 북극을 향해서 헤엄쳐 가고, 남반구에 있는 주자성 박테리아들은 남극을 향해서 헤엄쳐 가는 것입니다.

북극은 지구자석의 에스극이므로, 북반구에 있는 주자성 박테리아들은 엔극을 띤다는 사실을 알 수 있습니다.

남극으로 모여 드는 박테리아들은 에스극을 띨 것입니다. 왜냐하면, 지구의 남극은 지구자석의 엔극이니까요.

이러한 주자성 박테리아의 구조를 전자현미경으로 관찰해 보면 아주 신기한 사실을 알 수 있습니다.

주자성 박테리아의 몸 속에는 아주 작은 마그네타이트 입자가 염주알처럼 수십 개씩이나 늘어져 있다는 것입

니다.

이러한 마그네타이트 입자가 일제히 배열하여, 박테리아가 움직이는 방향을 결정해 주는 것입니다.

이처럼 자연계에 있는 생체자석들은 우리의 생활과도 밀접한 관계를 지니고 있습니다.

주자성 박테리아들은 몸 안의 주위에 있는 철분들을 3만~4만 배로 농축시켜 저장해 둡니다. 이러한 주자성

박테리아를 잘 연구하면, 우리는 아주 손쉬운 방법으로 많은 양의 철분을 얻을 수 있을는지도 모릅니다.

또한 주자성 박테리아 안에 들어 있는 마그네타이트 입자들은 일정한 규칙에 따라 배열되어 있으므로, 유전 공학이나 의학 등에도 아주 유용하게 이용될 수 있습니다. 벌써 피의 한 성분인 적혈구를 만드는 데는 주자성 박테리아의 마그네타이트 입자가 사용되고 있는 실정입니다.

이러한 연구가 더욱 발전한다면 암 치료에도 무척 많은 도움이 될 것이라고 전해집니다.

주자성 박테리아 안에 들어 있는 마그네타이트 입자들은 모양이 고르고, 아주 작기 때문에 아주 정밀한 제품에도 사용될 수 있습니다.

자석은 우리 주위의 여러 곳에서 아주 편리하게 사용되고 있습니다.

그러나 사람이 만들 수 있는 자석의 알갱이 크기는 한계가 있습니다.

자석 알갱이의 크기가 작으면 작을수록 더욱 정밀한 전자 제품을 만들 수 있습니다.

그럼에도 불구하고, 지금 과학기술로서 인공적으로 만들어 낼 수 있는 자석의 알갱이는 주자성 박테리아 속에 들어 있는 마그네타이트 알갱이보다 10배 정도나 큰 것이라고 합니다.

우리가 많이 사용되고 있는 카세트 테이프나 컴퓨터 디스켓 등도 자석을 이용하여 만든 제품입니다.

이러한 제품들은 미세한 가루로 만든 자석을 자기테

이프에 칠하여 만드는데, 자석 가루의 알갱이가 작으면 작을수록 좋은 성능을 낼 수 있습니다.

그래서 주자성 박테리아 속에 들어 있는 마그네타이트 입자를 조사하는 것은 새로운 첨단 전자 제품을 만드는데 아주 중요한 역할을 합니다.

최첨단 전자 기술과, 아주 원시적인 생물 박테리아가 이처럼 깊은 연관이 있다니, 정말 신비한 일입니다.

자석의 성질

자화란 무엇인가

자석에 대한 성질을 조사하는 것은 아주 쉬운 일입니다.

먼저 자석을 준비하고, 우리 주위에서 쉽게 찾을 수 있는 철로 된 물체를 준비합니다.

클립이라든지 바늘, 핀침 정도면 훌륭한 자석 실험 준비물이 됩니다.

자석 또한 쉽게 구할 수 있습니다.

냉장고가 있는 집이라면, 자석이 붙어 있는 병따개나, 메모를 붙일 수 있는 자석 핀을 한두 개씩 냉장고에 붙여 놓았을 것입니다.

만약 이러한 자석이 없다면, 냉장고 자체에 들어 있는

자석을 사용하면 됩니다.

냉장고에 자석이 어디 있느냐구요?

우선 냉장고 문을 열어 보십시오.

그 다음, 냉장고의 문을 슬쩍 놓으십시오.

그러면 냉장고의 문은 저절로 틈새가 나지 않도록 닫히게 될 것입니다.

이것은 냉장고의 안쪽으로 향한 냉장고 문의 테두리에 자석이 들어 있기 때문에 일어나는 일입니다.

그러므로 냉장고 문을 잠시 열고, 문의 안 쪽에 붙어 있는 고무 플라스틱 테두리 쪽에 바늘을 붙여서 자석 실험을 해 볼 수 있습니다.

이 때 바늘은 굵은 것일수록 좋습니다.

자석에 붙였던 바늘을 떼어 내면, 그 바늘은 아주 약한 자석의 성질을 띠게 됩니다. 즉 자석에 의해서 바늘 자체가 자화된 것입니다.

자화된 바늘의 끝에 다른 바늘을 갖다 대면, 그 바늘이 달라붙는 것을 알 수 있습니다.

새로운 바늘이 달라붙었다는 것은, 자석에 붙였던 바늘이 자화되어 새로운 자석이 되었다는 사실을 증명해 주는 것입니다.

자화된 바늘은 나침반의 바늘 역할도 합니다.

이것을 실험해 보려면, 물을 사용하는 것이 쉽습니다.

즉 물 위에 자화된 바늘을 가만히 띄워 놓으면, 바늘이 남북을 가리키게 된다는 것입니다.

그런데 물 위에 바늘을 띄울 수 있을까요?

물은 아주 이상한 물질입니다.

그 중에서도 물이 갖는 특이한 성질 중의 하나는 표면 장력입니다.

물의 표면에는 아주 큰 힘이 작용하고 있어서, 다른 물체들을 밀어내는 역할을 합니다.

그래서 무거운 물체들도 물 위에 떠 있을 수 있게 되는 것입니다.

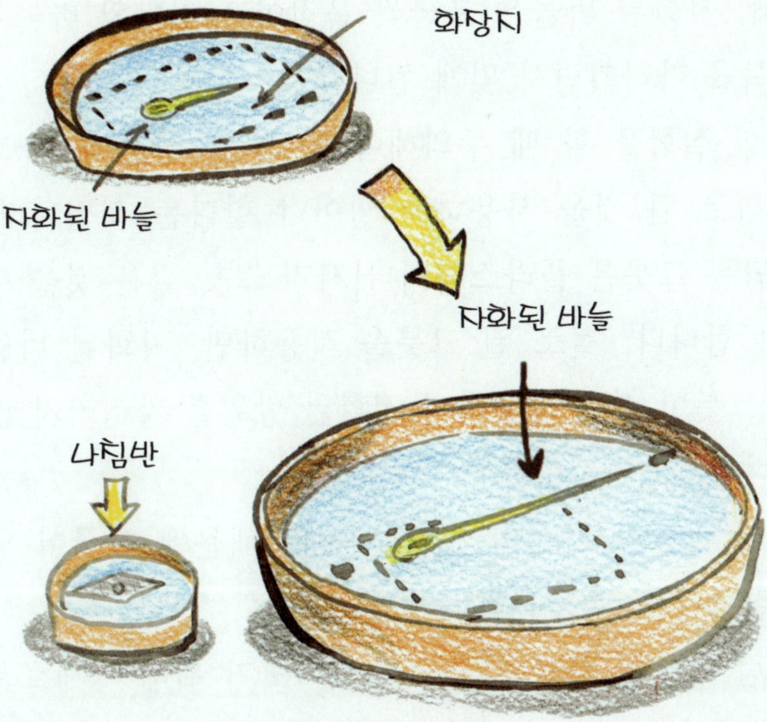

하지만 바늘은 아주 가늘기 때문에 물 위로 띄우기 위해서는 화장지나 다른 종이를 사용하는 것이 좋습니다.

물 위에 얇은 화장지를 한 장 띄우고, 그 위로 자화된 바늘을 살그머니 올려놓는 것입니다. 그 다음에, 젓가락이나 성냥개비 등을 사용하여 화장지를 가만히 가라앉도록 합니다.

화장지가 가라앉고 나면, 물 위에는 자화된 바늘만이 떠 있게 됩니다.

이 때, 자화된 바늘은 조금씩 움직여 나침반의 바늘처럼 남북을 가리키면서 멎게 됩니다.

이러한 실험을 할 때 주의해야 할 점은, 물을 담는 그릇은 철로 된 것을 사용하지 말아야 한다는 것입니다. 물을 담는 그릇은 플라스틱이나 사기 그릇 같은 것을 이용해야 합니다. 철로 된 그릇을 사용하면, 자화된 바늘과 철 그릇이 서로 작용하여 정확한 방위를 가리키지 않게 됩니다.

자화된 바늘은 자석의 성질을 띠기 때문에 자극이 있게 마련입니다.

이처럼 자화된 바늘의 자극을 알아보기 위해서 새로운 실험을 해 봅시다.

냉장고의 문에 있는 자석에 붙였다가 떼어 내어서 자화된 바늘과, 새로운 바늘 두 개, 못 등을 준비합니다.

자화되어 있는 바늘을 책상 위에 올려놓고, 못을 들어 가만히 자화된 바늘을 갖다 댑니다.

그 다음에는 못을 자화된 바늘의 끝으로 가만히 옮겨 갑니다.

못이 바늘의 가운데 부분을 지나가면, 자화된 바늘은 어느 순간 못으로부터 뚝 떨어지게 됩니다.

이러한 실험은, 자화된 바늘의 양쪽 끝에서 서로 다르게 해 보아도 같은 결과를 나타냅니다.

즉 자화된 바늘은 양 끝 쪽이 가운데 쪽보다도 더 강하게 못을 끌어당기는 것입니다.

자화된 바늘의 양쪽 끝이 가운데보다 못을 더 강하게 끌어당긴다는 것은, 자화된 바늘의 양쪽 끝에 자극이 있다는 것을 설명해 줍니다.

그러면 자화된 바늘의 양쪽 끝에 있는 자극은 서로 같은 것일까요?

같은 못을 끌어당겼으니까, 서로 같은 극이라고 생각할 수도 있습니다.

이러한 것을 확인하기 위해서 새로운 실험을 해 봅시다.

이번 실험은 자극의 성질을 조사하는 것입니다.

자화된 바늘은 책상 위에 그대로 놓아 두고, 새로운 바늘을 하나 집어 듭니다.

집어 든 바늘을 자화된 바늘의 한쪽 끝에 갖다 댑니다. 그러면 자화된 바늘이 집어 든 바늘과 달라붙을 것입니다.

이것으로 해서 집어 든 바늘도 새롭게 자화되었습니다. 즉 새로운 자석이 된 것이지요.

이번에는 두 개의 바늘을 떼어 내었다가, 집어 든 바늘을 책상 위에 놓인 바늘의 다른 쪽 끝에 갖다 댑니다.

그러면 아주 놀라운 일이 벌어집니다.

즉 책상 위에 놓여 있던 바늘이 데굴데굴 굴러서 도망가는 것입니다.

이번에는 집어 든 바늘의 방향을 바꾸어 보십시오.

바늘의 귀 쪽을 잡고 있었다면, 바늘의 뾰족한 쪽으로 바꾸어 잡고, 이와는 반대로 바늘의 뾰족한 곳을 잡고 있었다면, 바늘의 귀 쪽을 잡으라는 말이지요.

그런 다음에, 책상 위에 놓여 있는 바늘의 반대쪽에 집어 든 바늘을 갖다 댑니다.

즉 아까 끌어당겨졌던 쪽으로 방향을 바꾸어 든 바늘의 끝을 갖다 대는 것입니다.

그러면 다시 책상 위의 바늘이 데굴데굴 도망을 칠 것입니다.

이 실험을 통해서, 자화된 바늘의 양 쪽 끝에는 서로 다른 자극이 있다는 사실을 알 수 있습니다.

자석의 두 극은 에스극과 엔극이므로, 자화된 바늘의 양 쪽 끝에도 각각 에스극과 엔극이 생긴 것입니다.

이처럼 자석의 두 극은 같은 극끼리는 반발하고, 다른 종류의 극끼리는 잡아당긴다는 사실이 다시 확인되었습니다.

이러한 자석의 성질은 어떠한 재료로 만들어진 자석이든지 모두 똑같이 적용됩니다.

철로 된 물체를 자석에 붙였다가 떼내면 자화되는 성질이 있습니다.

그러므로, 철로 된 물체들은 일단 자석에 붙였다가 떼내기만 하면 새로운 자석이 된다는 사실을 알 수 있습니다.

철로 된 물체들이라 할지라도 그 물체를 이루는 철의 성질이 어떠한 것인가에 따라 자석의 힘이 세어지기도 하고, 약해지기도 합니다.

어떤 종류의 자석들은 자기의 몸 가까이에 있는 철 물

체들을 줄줄이 사탕 모양으로 모조리 달라붙도록 아주 강한 자석의 힘을 발휘하기도 합니다.

이것은 자석에 달라붙은 철 물체가 자화되어 다시 다른 철 물체를 끌어당기기 때문에 일어나는 일입니다.

줄줄이자석

자화된 물체는 새로운 철 물체에게 다시 자화를 일으킵니다.

즉 자화된 물체에 다른 철 물체가 다가가면, 그 새로운 철 물체 역시 자화된 물체에 끌어당겨져 새로운 자화를 일으키게 된다는 것입니다.

그래서 자석에 붙은 못이 클립을 잡아당기고, 그 클립이 다시 바늘을 잡아당기는 줄줄이자석이 생기게 되는 것입니다.

이처럼 줄줄이자석으로 붙은 철 물체들의 양 쪽 끝은 서로 다른 자극을 나타내고 있습니다.

즉, 자석의 에스극에 붙어 있는 못의 끝은 엔극을 나타내고, 그 못의 다른 쪽 끝은 에스극을 나타냅니다. 못과 붙어 있는 클립의 끝은 엔극이고, 그 클립의 다른 쪽 끝은 에스극이 되지요. 클립의 에스극은 바늘의 엔극과 붙어 있고, 그 바늘의 다른 쪽 끝은 에스극이 되는 것입니다.

이렇게 줄줄이자석으로 연결되어 있던 물체들을 하나씩 떼어놓아도 그 물체들은 자석인 채로 있습니다.

자석에 연결되어 있다가 각각 떼어 낸 물체들에 새로운 철 물체를 갖다 대면 다시 달라붙는 것을 통해서 이 사실을 확인할 수 있습니다.

자석 중에는 전자석이라는 것이 있습니다.

쇠막대를 심으로 하고, 그 둘레를 코일로 감은 것이지요.

쇠막대를 감은 코일에 전류를 통하면 자석이 되고, 전류를 흘려 보내지 않으면 자석의 성질을 잃어버리는 것이 바로 전자석입니다.

전자석은 아주 강력한 자석의 힘을 낼 수 있습니다.

전자석에 감긴 코일로 아주 강한 전류를 통하면 전자석은 아주 강한 자석의 힘을 냅니다. 그럴 때면, 철 물체를 갖다 대지 않고 그 주위에 놔두기만 해도 저절로 자화가 됩니다.

그래서 공장 등 아주 강한 자석의 힘을 필요로 하는 곳에서는 거의 대부분 전자석을 만들어 사용합니다.

전자석의 에스극과 엔극 사이에 자석으로 만들고 싶은 물체를 끼워 넣으면, 아주 손쉽게 자화가 이루어집니다.

자석에는 다른 물체를 자석으로 만드는 힘이 있습니다. 이 힘을 자기력선이라고 합니다.

자기력선이란, 자석의 힘을 옮겨 주는 선이라고 말할 수 있습니다.

자기력선의 비밀

철가루를 이용한 자기력선 실험

자기력선은 보통의 상태에서는 볼 수 없습니다.

그러나 철가루를 사용하면 자기력선의 모습을 확인할 수 있습니다.

두꺼운 도화지에 철가루를 뿌리고 자석을 가만히 올려놓습니다.

그런 다음에 도화지의 가장자리를 손가락으로 톡톡 두들겨 줍니다.

그러고 나면, 철가루들이 조금씩 움직이는 것을 볼 수 있습니다.

조금 뒤면, 도화지 위에는 철가루의 선과, 그 사이에 비어 있는 도화지의 흰 선을 볼 수 있게 됩니다. 이 선이 바로 자기력선입니다.

이것은 아주 가는 철가루 하나하나가 제각기 자화되어 서로의 극을 반대로 맞대고 늘어서기 때문에 일어나는 현상입니다.

즉 철가루 하나하나가 각각의 자석이 되어 있는 셈입니다.

이러한 철가루 자석들은 엔극과 에스극, 에스극과 엔극이 서로 맞붙어 있는 상태로 죽 늘어서 있습니다.

결국 자석의 엔극에서부터 에스극까지 철가루가 둥그런 모양을 그리며 늘어서게 되는 것입니다.

자석에서는 엔극을 머리, 에스극을 꼬리라고 생각합니다.자기력선을 이루는 작디작은 자석들은 자석의 엔극에 꼬리를 붙이고, 머리에는 다른 자석의 꼬리를 붙이고 있는 셈이 되는 것입니다.

그러므로 자기력선은 엔극에서 시작하여 에스극에서 끝난다고 말할 수 있습니다.

자기력선은 끝이 있는 것이 아닙니다.

자기력선은 자석의 엔극에서 시작하여 에스극으로 들어가지만, 다시 자석의 몸을 통과한 후, 엔극으로 연결되는 타원과 같은 형태를 지니고 있습니다.

자석에서는 엔극을 머리
에스극을 꼬리라고 합니다
철가루
N
S
자기력선
자기력선은 엔극에서 시작하여
에스극에서 끝납니다

자기력선을 쉽게 이해하려면 분수를 떠올려 보십시오.

분수는 아래쪽에서부터 솟아올라오지만, 다시 밑으로 떨어져 내리게 됩니다. 자기력선도 이와 같습니다.

물이 뿜어져 올라오는 분수의 입구를 자석의 엔극이라고 생각하고, 물이 솟아올라왔다가 다시 떨어져 분수 속으로 빨려 내려가는 부분을 에스극이라고 생각하면 됩니다. 즉 자기력선은 엔극에서 나와 다시 에스극으로 빨려 들어가는 것이라고 생각하면 될 것입니다.

자기력선의 숫자는 자석의 세기를 말해 줍니다.

자기력선의 수가 많으면 그 자석은 그만큼 강한 힘을 낼 수 있습니다.

자기력선은 진공이나 공기, 나무나 유리, 또는 구리나 알루미늄 같은 물체의 속을 통과해 멀리 뻗어 나가는 성질이 있습니다.

자성체의 종류

이러한 물체들은 자석의 성질을 띠지 않습니다. 이처럼 자석의 성질을 띠지 않는 물체들을 비자성체라고 합니다.

이와는 반대로 자석의 성질을 잘 띠는 물체를 자성체라고 합니다.

즉 자성체는 자화가 잘 이루어지는 물체를 말합니다.

자연계에 있는 모든 물질은 정도의 차이는 있지만 거의 대부분 자석의 영향을 받습니다.

그 중에서는 철이나 니켈, 코발트처럼 자석에 강하게 끌리는 물체들이 있습니다. 이러한 물질들을 강자성체라고 합니다.

이에 비해서 산소나 알루미늄 같은 물질들은 자석에 아주 약하게 끌리거나 아니면 거의 자석의 힘에 작용하지 않습니다.

이러한 물질들을 상자성체라고 합니다.

상자성체는 다른 말로 약자성체라고도 합니다.

자기력선은 이러한 강자성체는 물론 약자성체나 비자성체까지도 뚫고 나가는 막강한 힘을 발휘합니다.

자석에 이끌리는 물체는 고체뿐만이 아닙니다.

죽처럼 유동성이 있는 물질 중에서도 자석에 이끌리는 종류가 있습니다.

이러한 물체를 자성유체라고 합니다.

자성유체는 1965년 미국의 과학자 파펠에 의해서 만들어졌습니다.

그릇에 죽 상태로 담겨 있는 이 물질에 자석을 갖다대면, 이 자성물체는 마치 아메바들처럼 허우적거리며 움직입니다.

자석을 자성유체 쪽으로 더욱 가까이 갖다 대면, 죽처럼 생긴 이 물질들은 자석에 달라붙기 위해서 요동을 칩니다. 그리고는 삐죽삐죽한 뿔을 잔뜩 만들어 내밉니다.

자성유체에 갖다 댄 자석이 강하면 강할수록 그 뿔의 굵기는 가늘어지고 숫자는 더 많아집니다.

그 뿔을 자세히 관찰해 보면, 그것이 바로 자기력선을 나타낸다는 사실을 알 수 있습니다.

이번에는 자성유체에 수직 방향으로 흐르는 강한 직선 전류를 가까이 갖다 댑니다. 그러면 자성유체는 전류를 따라서 술술 위로 올라갑니다. 이것은 전류 주위에 자기장이 형성되어 있기 때문에 일어나는 현상입니다.

자성유체 속에 유리를 가라앉혀 두고, 자성유체가 담

긴 그릇의 밑에 자석을 갖다 대어도 신기한 일이 일어납니다.

자성유체 속에 가라앉았던 유리가 자성유체 위로 붕 떠오르는 것이지요.

이처럼 재미있는 물체인 자성유체는 대체 어떻게 만든 것일까요?

자성유체는 산화철의 작은 알갱이를 기름과 물 등의 액체에 섞어 놓은 것입니다.

이 때 산화철의 알갱이는 섞여 있는 액체와 분리될 수 없을 정도로 아주 작기 때문에, 그 액체 속에 녹아 있는 것과 마찬가지 상태를 나타냅니다.

자성유체는 아폴로 우주선을 비롯한 여러 우주복의 틈새를 막아 주는 재료로 사용됩니다.

또한 자성유체는 아주 작은 틈을 잘 막아 주기 때문에, 컴퓨터나 반도체를 만드는 클린 룸 같은 곳에 먼지를 막는 용도로 사용됩니다.

이외에도 자석에 이끌리는 액체 종류가 있습니다.

액체 상태의 산소는 자석에 이끌립니다.

기체 상태의 산소를 넣어 잔뜩 부풀린 비닐 봉지를 액체 질소 속에 집어넣으면 액체 상태의 산소가 만들어집니다. 이렇게 만든 액체 산소에 강한 자석을 접근시키면, 액체 상태의 산소가 자석으로 이끌려 다가가 붙는 것을 볼 수 있습니다.

물론 기체 상태의 산소도 조금은 자석에 이끌리는 성질이 있습니다.

하지만 기체 상태의 산소가 자석에 이끌리는 것은 관찰하기가 거의 불가능합니다.

전자석의 원리

이번에는 전자석을 생각해 봅시다.

쇠막대를 철심으로 하고, 그 주위를 코일로 감아 만든 전자석의 경우에는 두 가지 경우를 나누어 생각해 볼 수 있습니다.

즉 철심인 쇠막대하고, 코일의 두 가지 경우를 생각해 볼 수 있습니다. 코일은 전류를 통하면 그 자체로서 자석의 역할을 합니다.

전류가 통하는 코일에 나침반을 가까이 갖다 대 보면, 코일이 자석의 성질을 띤다는 사실을 확인할 수 있습니다. 또한 전류가 통하는 코일 주변에 철가루를 뿌려 보

면, 자기력선이 나타납니다.

이 두 가지 사실로써, 전류가 통하는 코일이 자석의 성질을 띤다는 사실을 알 수 있습니다.

그러므로 코일 속에 들어가 있는 철심은 자석의 성질을 띤 코일에 의해서 자화된다는 사실을 알 수 있습니다.

전자석에 있는 코일에 전류를 통하면, 코일이 자석이 되고, 이러한 코일의 성질에 의해서 가운데 들어 있는 철심이 자화되는 것입니다.

그러므로 전자석의 코일에 강한 전류를 통하면, 전자석의 세기도 강해질 것입니다.

이 때 전자석의 세기라는 것은 코일 속에 들어 있는 철심이 자화되는 상태가 강해진다는 뜻이 됩니다.

그러면 코일에 강한 전류를 통하면 상대적으로 철심의 자화 상태도 강해지게 될까요?

코일 속에 들어 있는 철심이 자화되는 상태는 코일에 흐르는 전류의 세기에 따라 달라지지만, 전류가 세어질수록 철심의 자화 상태가 끝없이 세어지는 것은 아닙니다.

처음에 코일을 통하는 전류의 세기가 약하면, 철심의 자화 상태도 약한 상태로 있습니다.

그러다가 코일을 통하는 전류가 세어지면 철심의 자화 상태는 갑자기 확 세어집니다.

그러나 어느 한계에 이르면 코일의 전류가 세어지더라도 철심의 자화는 더 이상 세어지지 않는 상태에 도달합니다.

이러한 상태에 이르렀을 때를 일컬어 "자석의 세기가 포화되었다."라고 말합니다.

자석은 잘라도 자석이다

한번 자석은 영원한 자석

길게 생긴 막대자석을 뚝 잘라 두 개로 만들면 어떻게 될까요?

자석의 성질이 없어져 버릴까요? 아니면 두 개의 자석이 생길까요? 자석은 잘라도 자석입니다.

즉 길게 생긴 막대자석을 두 개로 자르면, 두 개의 작은 자석이 생기는 것이지요.

이 두 개의 자석을 다시 둘로 나누어 네 개의 조각으로 만들어도 마찬가지입니다. 자석은 아무리 잘게 나누어도 자석의 성질을 지니고 있습니다. 그러나 자석의 크기가 작아질수록 자석의 힘은 약해집니다.

하나의 자석을 자꾸 쪼개어 나가면, 자석은 점점 가늘

어지고, 이에 따라 자극도 작아지게 됩니다.

자석의 힘은 자극을 통해서만이 나오기 때문에, 자극이 작아지면 자석의 힘도 약해지는 것입니다.

양쪽에 자극이 있는 길다란 자석을 가로로 자르면 자석의 극은 어떻게 될까요?

길다란 자석의 에스극과 엔극의 사이를 잘게 두 개의 자석을 만든다고 생각해 봅시다.

자석을 자르기 전부터 원래 있던 자극은 그대로 있습니다. 자석을 자르고 나면, 자석의 잘린 면에는 새로운 자극이 두 개 생깁니다.

즉 에스극을 가지고 있다가 잘려 나간 자석의 반대쪽 절단면에는 새로운 엔극이 생깁니다. 이와는 반대로 엔극을 가지고 잘려 나간 자석의 절단면에는 새로운 에스극이 생겨납니다.

이처럼 자석은 아무리 작게 잘려 나가더라도 각각 에스극과 엔극을 가지고 있게 됩니다.

그렇다면 이번에는 길다란 자석을 세로로 잘라 봅시다. 에스극과 엔극이 있는 길다란 자석을 가로로 잘랐을 때는 쉽게 자극이 생겨날 것입니다.

자석의 절단면이 다른 극과 정 반대 방향이기 때문에

새로운 자극이 생겨나기가 그만큼 쉬울 테니까요.

그러나, 자석의 양쪽 극을 그대로 놓아 둔 채, 자석을 세로로 자른다면 어떻게 될까요?

그러면 한쪽 끝에는 자극이 남고, 그 반대쪽 끝에는 자극이 없는 기형아 자석이 되지 않을까요?

그렇지는 않습니다.

세로로 잘린 자석이라 할지라도, 그 자석의 양쪽 끝에

는 자극이 만들어집니다.

즉 자르기 전에 에스극이었던 반대쪽에는 엔극이 생겨나고, 자르기 전에 엔극이었던 곳의 반대쪽에는 새로운 에스극이 생겨나 온전한 자석이 되는 것입니다.

그러므로 자석은 세로로 자르던지, 가로로 자르던지 간에 항상 자석의 성질을 지니게 됩니다.

한번 자석으로 태어난 자석은 영원한 자석이라는 뜻이지요. 이러한 자석을 영구자석이라고 합니다.

영구자석 속에는 아주 작은 미니자석 알갱이가 자극을 가지런히 하고 모여 있는 상태라고 생각하는 것이 좋습니다. 그래서 잘라도 잘라도 자석의 성질이 계속 이어져 나오게 되는 것입니다.

3 영구자석의 신비

그렇다면 이번에는 영구자석에 의해서 자화되는 철로 된 물체들의 상태에 대해서 생각해 보도록 합시다.

영구자석의 내부에는 잘 정렬된 아주 작은 미니자석 알갱이들이 수없이 많이 들어 있습니다.

이러한 영구자석에 철로 된 물체를 갖다 붙이면 자화

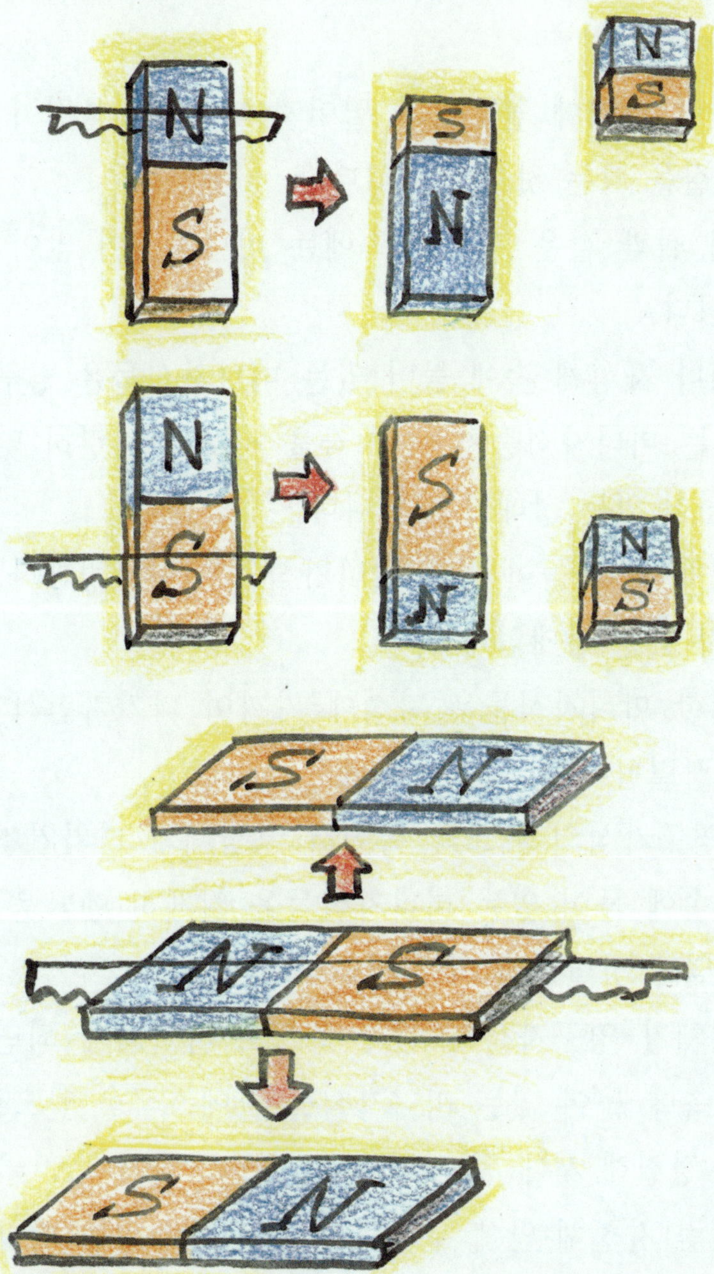
N
S
S
N
N
S
N
S
S
N
N
S
S
N
N
S
S
N

가 일어납니다.

자화란 자석에 붙었다가 떨어져 나온 철 물질이 자석의 성질을 띠는 것을 말합니다.

본래 철과 같은 자성체 속에는 미니자석이 많이 들어 있습니다.

그러나 자성체 속에 들어 있는 미니자석들은 영구자석에 있는 미니자석들처럼 양 극을 서로 가지런히 맞대고 정렬되어 있는 상태가 아닙니다.

자성체 속에 들어 있는 미니자석들은 아무렇게나 마구 흩어져 있는 상태입니다.

이러한 미니자석들은 자석에 가까이 다가가면서 일정하게 정렬됩니다.

즉 영구자석의 에스극 쪽에서 자성체가 다가가면, 자성체 속에 들어 있는 미니자석들을 일제히 엔극을 앞으로 내밀고 정렬하게 되는 것입니다.

자성체가 영구자석의 엔극 쪽으로 다가가게 되면, 자성체 속에 들어 있는 미니자석들은 에스극을 앞으로 내민 채 정렬해 서게 될 것입니다.

이처럼 자성체 안에 무질서하게 흩어져 있던 미니자석 알갱이들이 반듯하게 정렬해 서면, 이 자성체는 자석의

성질을 띠게 됩니다.

그러므로 자화라는 것은 자성체 안에 마구 흩어져 있던 미니자석들이 영구자석처럼 자극을 맞추어 정렬해서는 현상이라고 말할 수 있습니다.

자화전류와 잔류자화

철심 둘레에 코일을 감은 전자석의 경우도 마찬가지입

니다. 코일에 전류가 통하면, 코일은 자석의 성질을 띤다는 것은 앞에서도 설명되었습니다.

그러므로 코일에 전류가 통하지 않을 때의 전자석은 아무런 의미도 없습니다. 코일 가운데 들어 있는 철심 역시 그냥 철로 된 물체일 뿐입니다.

하지만 철은 미니자석이 많이 들어 있는 자성체입니다.

그 미니자석들이 무질서하게 흩어져 있기 때문에 철심은 자석의 성질을 띠지 못하는 것입니다.

이제 코일에 전류를 통하도록 해 봅시다.

코일에 약한 전류가 통하면, 철심 속에 들어 있는 미니자석들이 일제히 코일의 양쪽 축 방향으로 에스극과 엔극을 맞추어 돌아섭니다.

그런 다음에, 코일에 통하는 전류가 점점 강해지면, 철심 안에 있던 미니자석들이 자리를 옮겨 축 방향으로 모여 정렬하게 됩니다.

이 때 비로소 철심은 자석의 성질을 나타내게 됩니다.

전자석의 세기는 철심 속에 들어 있는 미니자석이 얼마만큼 많이 양쪽 축으로 정렬해 섰는가 하는 것에 따라 달라집니다.

이처럼 철심을 자석으로 만들기 위해서 코일에 흘려 보내는 전류를 "자화전류"라고 합니다.

자화전류가 어느 정도의 크기에 도달하면, 철심 속에 들어 있는 미니자석들이 모두 다 정렬하게 됩니다.

바로 이 때 전자석의 세기가 가장 세어집니다.

이 다음부터는 코일 속을 통하는 전류를 아무리 강하게 흘려 보내더라도 자석의 세기는 변하지 않습니다. 철심 속에 들어 있는 미니자석이 전류에 의해서 늘어나지는 않기 때문입니다.

그러면 이 상태에서 코일 속을 흐르는 전류를 끊어 봅시다. 자화된 전자석은 어떻게 변할까요?

철심을 자화시켜 주던 전류가 끊어졌으니, 전자석도 금방 자석의 힘을 잃어버리게 될까요?

그렇지 않습니다.

한번 자화된 물체는 자석의 성질을 금방 잃어버리지는 않습니다.

자화전류에 의해서 일정하게 정렬되어 있던 자성체 속의 미니자석들은 규율을 지탱해 주던 자화전류의 공급을 받지 못하게 되면서부터 조금씩 조금씩 흐트러지게 됩니다. 즉 자석의 성질을 조금씩 잃어 가는 것입니다.

하지만, 전류가 끊어진 뒤 시간이 많이 흘러도 자성체에는 자석의 성질이 조금은 남아 있게 마련입니다.

자화가 되기 전의 아주 무질서했던 상태보다는 자화 상태에서 해산된 미니자석의 상태가 훨씬 더 질서를 갖추게 되기 때문입니다.

이처럼 아주 나중에까지 자성체에 남아 있는 자석의 성질을 "잔류자화"라고 합니다.

전자석에서 이러한 잔류자화를 없애 주려면, 아까와는 반대 방향의 전류를 코일로 보내 주어야 합니다. 자화를 일으키기 위해서 코일 속을 통하던 전류와 정 반대의 성질을 지니고 있는 마이너스 자화전류를 보내주어야 하는 것입니다.

그래야만, 자성체에 남아 있는 잔류자화가 상쇄되어 없어질 수 있습니다.

이처럼 자석의 성질을 없애 버리는 것이 수월하게 이루어지지는 않습니다.

자석의 성질을 띠고 있던 물체는 마이너스 자화전류가 자기에게서 자력을 빼앗아 가려고 할 때면 맹렬하게 반항을 합니다.

이러한 힘을 "보자력"이라고 합니다.

보자력이란, 자석의 힘을 띠고 있는 물체가 자기 스스로 갖고 있는 자석의 힘을 지키려는 성질을 말합니다.

즉 마이너스 자화전류에 대항하는 자성체의 힘을 보자력이라고 말할 수 있습니다.

강자성과 약자성

자성이란 무엇인가

이 세상에 존재하는 가장 작은 물질은 보통 원자라고 합니다. 그러나 그렇게 작은 원자 속에도 원자핵과 그 주위를 돌고 있는 전자가 있습니다.

어떠한 종류의 원자이든지, 중심에 원자핵이 있고 그 주위를 몇 개의 전자가 일정한 궤도를 그리며 돌고 있습니다. 마치 태양의 주위를 지구가 자전하면서 공전하듯이 말입니다.

전자도 지구처럼 스스로 자전하면서 원자핵의 주위를 공전하고 있습니다. 전자가 자전하는 것을 일컬어 "전자의 스핀"이라고 합니다.

원자핵 속에 들어 있는 전자의 공전 운동과 자전 운동

은 영구자석의 성질을 띠는 중요한 역할을 합니다.

전자가 하는 자전 운동이나 공전 운동은 모두 원 모양을 그리면서 도는 원운동입니다. 이러한 전자의 원운동은 아주 작은 영구자석의 작용을 합니다.

이처럼 전자의 운동에 의해서 생기는 기본적인 자석을 전자자석이라고 합니다. 모든 물질이 지니는 자석의 성질은 이러한 전자자석에 있습니다.

어떤 물질이 가지고 있는 자석의 성질을 "자성"이라고 합니다.

자성에는 여러 가지 종류가 있습니다.

자성을 가지고 있는 물질을 자력이 미치는 범위 안에 놓아두면 반응이 일어납니다.

이러한 물질의 반응은 눈으로 보아서도 잘 알아볼 수 있는 것과 정밀한 실험을 통해서만 그 물질의 반응을 알아낼 수 있는 두 가지 종류로 나눌 수 있습니다.

자석의 범위 안에 놓아두기만 하면 저절로 자석으로 끌려 들어가서 붙는 물질은 아주 강한 자성을 지니고 있는 물질입니다. 이처럼 강한 자성을 지니고 있는 물질을 "강자성 물질"이라고 합니다.

또한 정밀한 실험을 통해서만이 관측될 정도로 약한

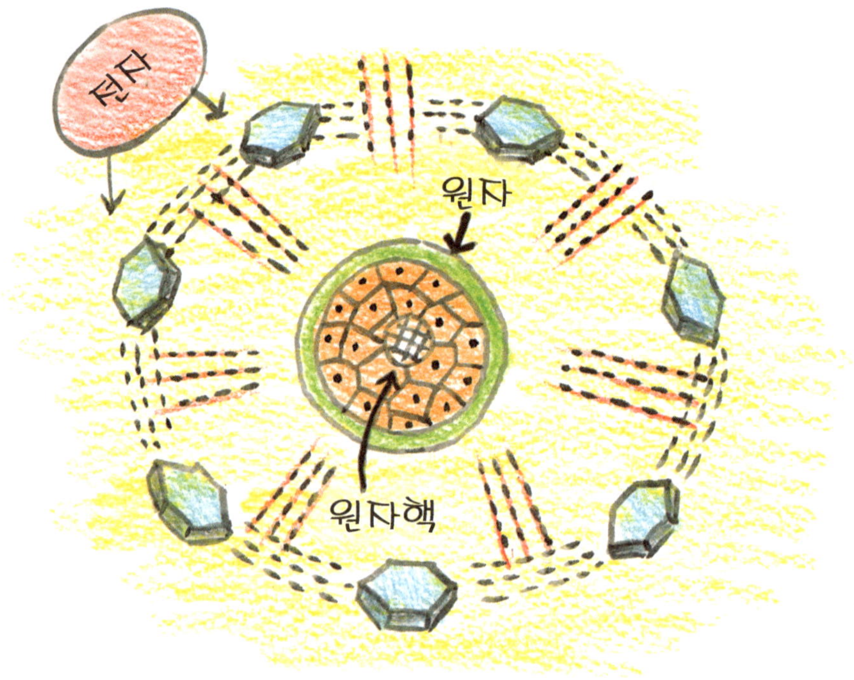

☆전자의 스핀운동 : 원자의 주위를 공전

자성을 지니고 있는 물질은 "약자성 물질"이라고 합니다.

자석에 철로 된 물질이 붙는 과정은, 제일 먼저 철로 된 물질 속에 들어 있는 미니자석들이 일정한 방향으로 자극을 정렬하여 서는 것에서부터 시작합니다.

이러한 과정을 자화라고 하지요.

약자성 물질은 자화되는 힘이 너무 약해서, 쇠와 같은

강자성 물질에 비교도 할 수 없을 정도인 것을 말합니다. 그래서 약자성 물질의 자성을 조사하려면 무척 정밀한 실험을 실시해야 합니다. 약자성 물질은 강자성 물질에 비해서 자성이 수만 분의 일이나 수천만 분의 일 정도 밖에는 되지 않습니다.

이처럼 약한 자성을 가진 물질을 상자성, 또는 상자성체라고도 합니다.

약자성체에는 산소나 나트륨, 알루미늄, 크롬, 백금, 코발트, 니켈 화합물과 같은 물질들이 있습니다.

약자성체에는 상자성체 외에도 반자성체라는 것이 있습니다.

반자성체는 자석을 갖다 대었을 때, 이끌리기는커녕 반대로 도망치는 성질을 지닌 물체를 말합니다.

어떤 물체에 자석의 엔극을 갖다 대었을 때, 그 물질이 철과 같은 강자성체라면 곧 자화되어 철의 한쪽 끝에 에스극이 생깁니다. 그래서 자석의 엔극과 자화된 철의 에스극이 서로 끌어당겨져 붙게 되는 것입니다.

그런데 자석과 가까이 한 물체가 구리였다면 사정은 달라집니다.

구리도 자석과 가까이에 있으면 자화합니다.

그러나 구리가 자화하여 생기는 자극은 이상하게도 마주친 자석의 극과 같은 것입니다. 즉 자석의 엔극이 가까이에 있으면, 자화된 구리의 자극도 엔극이 되는 것입니다. 그래서 같은 엔극끼리 마주친 구리는 자석으로부터 달아나려고 하게 됩니다.

하지만 이 때의 구리의 힘은 무척 약해서 정밀하게 관찰하지 않으면 이러한 현상을 발견해 내기 어렵습니다.

구리가 나타내는 반자성은 아주 약한 강자성의 십분의 일에서부터 심하면 만분의 일정도 밖에는 되지 않기 때문입니다.

이처럼 반자성을 갖는 물질에는 헬륨이나 네온, 수소, 금, 아연, 수은, 비스머스 등이 있습니다.

강자성체와 퀴리 온도

원자 속에서 운동하는 전자는 두 가지의 자석을 가지고 있습니다.

원자 속에 있는 두 개의 자석은 자전 운동에 의한 전자자석과 공전 운동에 의한 전자자석입니다.

아인슈타인은 강자성이 나오는 곳이 전자의 자전 운동, 즉 전자의 스핀이라는 사실을 밝혀 내었습니다.

어떠한 원자에도 반드시 자전 운동을 하는 전자가 들어 있기 때문입니다. 그런데 왜 강한 자성은 쇠나 코발트 또는 니켈 같은 물질에서만 볼 수 있는 것일까요?

이러한 물질의 원자는 20개 이상의 전자를 가지고 있습니다.

이러한 원자들이 하는 자전 운동은 모두 자성을 일으키는 것일까요?

그렇지는 않습니다.

강자성은 아주 특별한 경우에서만 나타나는 성질입니

다. 강자성이 나타나기 위해서는 온도도 맞아야 하고, 원자의 상태도 상하, 전후, 좌우로 결합되어 있는 상태가 되어야만 합니다. 그러므로 아주 강한 자성을 갖는 강자성체는 매우 귀한 물질입니다.

철과 같은 금속의 원자 안에는 몇 개의 특별한 전자가 들어 있습니다. 이러한 전자들의 스핀은 평행으로 이루어져 있습니다. 그러므로 전자스핀 자체가 작디작은 자석이라고 볼 수 있습니다.

이처럼 철과 같은 물질은 원자의 구조가 보통 원자와는 다르게 배열되어 있기 때문에 전자스핀이 자연적으로 생겨나고, 이 힘에 의해서 아주 강한 자성을 띠게 되는 것입니다.

제철소에서 쇠를 만드는 과정을 생각해 봅시다.

처음에는 아주 펄펄 끓는 액체 상태의 철이 용광로에서 부글거리고 있을 것입니다.

이 때, 커다란 자석을 갖다 댄다고 생각해 봅시다.

용광로에서 끓고 있던 뜨거운 액체 철은 자석에 이끌릴까요?

그렇지 않습니다.

액체 상태인 데다가, 온도마저 뜨거운 용광로의 철물

은 절대로 자석에 붙지 않습니다.

그 뜨겁던 철물이 고체인 쇠로 굳고, 온도 또한 일정하게 식어야만 비로소 자성체인 철이 되는 것입니다.

철이 자석에 이끌리게 되는 상태의 온도를 "퀴리온도"라고 합니다.

철의 퀴리온도는 섭씨 770도 정도입니다.

그러므로 제철소의 철이 자석에 붙는 자성체가 되려면 최소한 섭씨 770도 이하가 되어야만 합니다.

철뿐만이 아니라, 강자성체 물질이라면 모두 퀴리온도보다 낮아야만 자석에 이끌리게 됩니다.

강자성체인 금속은 일단 퀴리온도보다 낮은 온도를 유지하기만 하면 자연적으로 강한 자성을 띠게 됩니다.

*강자성체의 원자 안에 들어 있는 전자스핀이 방향을 가지런히 정렬하고 있기 때문입니다,

스핀의 방향이 가지런히 정렬되어 있다는 것은, 그 물질 안에 작은 미니자석들이 가지런히 정렬되어 있다는 말과도 같습니다. 그러므로 강자성체는 자석에 의해서 자화되지 않아도 자연적으로 자석의 성질을 띠고 있게 됩니다.

이처럼 강자성체가 자연적으로 갖고 있는 자기를 "자

발자기"라고 합니다.

자발자기는 절대영도라고 불리는 섭씨 -273도에서 가장 커집니다.

하지만 온도가 올라가면 자발자기의 강도는 점점 약해집니다. 강자성체를 이루는 분자들이 조금씩 움직이려고 하기 때문입니다. 생물도 추울 때보다는 따뜻할 때 더 활발히 움직일 수 있습니다.

무생물의 세계에서도 마찬가지입니다.

산소나 수소 같은 기체 분자들은 날씨가 따뜻할수록 사방으로 활발하게 퍼져 나갑니다.

이러한 현상을 "기체가 팽창한다."라고 표현합니다. 철처럼 단단한 고체에서도 똑같은 현상이 벌어집니다.

고체는 분자들간의 인력이 너무 강해서 기체처럼 서로 떨어져 나가지는 못합니다. 그러나 그 단단한 고체 내부에서도 분자들이 조금씩 흔들리는 진동현상이 일어납니다. 이러한 고체 분자의 진동은 온도가 높을수록 더욱

활발하게 일어납니다.

전자의 스핀도 마찬가지입니다.

낮은 온도에서는 질서 정연하게 정돈해 있던 전자스핀이 온도가 올라가면 서로 흐트러집니다.

즉 강자성체 안에 들어 있는 미니자석들이 온도가 올라갈수록 아무렇게나 흐트러지는 것입니다.

그러므로 온도가 올라갈수록 강자성체가 지니고 있는 자발자기가 약해지는 현상이 일어나게 됩니다.

그리고 퀴리온도를 넘어 가면, 그 물체는 강자성체라 할지라도 자성을 잃어버리는 것입니다.

퀴리온도는 물질에 따라서 각각 다릅니다.

철의 퀴리온도는 섭씨 769도 코발트의 퀴리온도는 섭씨 1,127도, 니켈의 퀴리온도는 358도입니다.

보자력과 감자력

십여 년 전까지만 해도 자석이라면 말굽 모양이나 굵고 길다란 모양의 막대자석밖에는 없었습니다.

그러나 요즘에 들어서는 갖가지 모양의 자석이 개발되어 나오고 있습니다.

요즘에 나오는 자석의 모양을 살펴보면, 거의 대부분 납작한 모양을 하고 있다는 사실을 알 수 있습니다.

냉장고 문에 들어 있는 자석 역시 아주 얇습니다.

자석이 얇다는 것은 자석의 두 극인 에스극과 엔극 간의 거리가 아주 짧다는 것을 의미합니다.

이처럼 자석이 얇게 만들어지게 된 계기는 자석을 만드는 재료가 아주 많이 개발되었기 때문입니다.

얇고, 가볍고, 짧고, 작은 것을 경박단소하다고 말합니다.경박단소한 자석은 여러 곳에서 아주 유익하게 사용됩니다. 경박단소한 자석이 개발됨으로 해서, 우리의 생활은 더욱 편리해졌습니다. 자석이 여러 곳에 쓰이게 되었으니까요.그러나 십여 년 전까지만 해도, 경박단소한 자석을 만들어 내지 못하여 말굽 모양이나 막대 모양의 자석을 만들어 내야만 했습니다. 자식을 얇게 만든다는 것은 아주 어려운 일입니다.

자석의 에스극과 엔극 사이에는 아주 작은 미니자석들이 나란히 정렬해 있습니다.

그러나 미니자석들은 에스극 다음에 엔극, 그 다음엔 다시 에스극, 엔극, 에스극, 엔극, …, 이러한 순서대로 서로 끌어당기는 자극끼리 꼬리에 꼬리를 물고 늘어서 있습니다. 그러나 막상 자석의 양 극 쪽에 미니자석들은 그 끝을 잡아 당겨주는 극이 없기 때문에 八자 모양으로 치우치게 됩니다.

이러한 현상은 자석의 양 극 사이가 짧으면 짧을수록 더욱 심하게 나타납니다. 어떤 경우에는 양 끝으로 휘어진 미니자석이 바로 옆에 있는 미니자석에 의해서 끌어 당겨져 원형을 이루게 되어 버리기도 합니다.

그러면 자석 안에 들어 있는 미니자석들이 서로 원형을 이루게 되기 때문에 자석의 양쪽 끝은 아무런 자극의 특성도 나타내지 못하게 됩니다.

자석의 양 끝에 있는 에스극과 엔극을 “자유자극”이라고 합니다.

자석은 자유자극이 있어야만 자석으로서의 역할을 할 수 있습니다. 그런데 자석 안에 들어 있는 미니자석들이 서로 끌어당겨져 원 모양을 이루어 버리면 자유자극이 사라져 버리게 됩니다. 이러한 일은 자석 극을 나타내는 양 끝이 넓고, 극과 극 사이의 거리가 짧을수록 많이 일어납니다. 즉, 자극이 넓고 자극간의 거리가 짧을수록 자석의 성질을 보전하기가 어려워지는 것입니다.

그래서 과거에는 가늘고 긴 막대자석이나, 아니면 길

다란 막대자석을 말굽 모양으로 휘어 만든 말굽자석이 많았던 것입니다.

그렇다면 자석의 길이를 짧게 만들기 위해서는 어떤 기술을 개발해 내어야 했을까요?

길이가 짧은 자석을 만들기 위해서는 자석 안에 들어 있는 미니자석들이 이웃끼리의 반발력에 잘 견디어 내도록 해야 합니다. 이웃에 있는 미니자석의 같은 극이 밀어내는 반발력에 잘 견디어야 미니자석의 방향이 틀어지지 않을 테니까요.

그러기 위해서는 외부에서부터 자화시키는 힘을 강하게 작용시켜야 합니다. 미니자석의 정렬 상태를 강제로 만드는 것이지요.그래서 영구자석이 된 뒤에는 미니자석의 정렬을 흩뜨리는 힘이 작용하더라도, 자석 자체에 그것을 막아내는 힘을 작용시키는 것입니다.

이처럼 자석의 성질을 유지시켜주는 힘을 "보자력"이라고 합니다. 보자력을 강화해 준 자석이라면 납작하게 만들 수도 있고, 아무 곳에나 던져 놓아두어도 됩니다.

이처럼 보자력이 강화된 자석을 만들기 위해서는 특수한 자석 재료가 개발되어야 합니다.

이와는 반대로 자석에는 감자력이란 것이 있습니다.

감자력이란 자석의 성질을 없애는 힘입니다.

전류를 통하여 자화된 전자석의 철심은, 코일에 흐르던 전류를 끊어주더라도 자석의 성질이 남아 있게 됩니다. 이처럼 자화되었던 자성체에 남아 있는 자성을 잔류자기라고 합니다.

영구자석은 전류가 흐르지 않더라도 자석의 성질이 자성체에 완전히 정착되도록 만들어집니다. 이러한 영구자석은 양쪽 끝에 자유자극이 생김으로써 완성됩니다.

그러나 자유자극 쪽에서는, 그 안에 배열되어 있는 미

니자석들의 정렬이 흐트러지는 작용이 일어나게 됩니다. 미니자석의 정렬이 흐트러지면, 자연히 자성이 줄어들게 됩니다.

이러한 성질을 감자력이라고 합니다.

즉 감자력이란 자유자극 쪽에 배열되어 있는 미니자석들이 정렬을 흐트림으로써 스스로 자성을 약화시키는 작용을 말합니다. 이러한 감자력은 얇고 납작한 자석에서 더욱 많이 작용합니다. 그래서 경박단소한 자석을 만들기가 힘들어지는 것이지요.

자석의 발달

좋은 자석이란?

좋은 자석이란 두 말할 것도 없이 철을 끌어다 붙이는 힘이 강한 것이라고 말할 수 있습니다.

자석이 철을 끌어당기는 힘을 자력이라고 합니다.

자석은 어떻게 해서 만들어집니까?

자석이 만들어지는 과정에 대해서는 앞에서 자세히 설명하였습니다.

여기서는 앞에서 배운 내용을 간추려 이야기해 보도록 합시다.

자석이라는 것은, 자석을 만들 재료를 자화시킴으로써 만들어지기 시작합니다.

자성체를 가진 재료에 자화하는 힘을 가해 주면, 자성

체 속에 들어 있는 미니자석들이 일정한 자극의 방향을 기준으로 나란히 정렬해 서게 됩니다.

자화하는 힘이 가해지기 전까지는 자성체 안에 있던 미니자석들이 무질서하게 흐트러진 상태로 존재해 있었습니다.

그러나 자화하는 힘에 의해서 미니자석들이 일정하게

정렬하는 것이지요.

자성체 안에 들어 있는 미니자석이 완전히 정렬하면, 이 자성체는 자석이라고 말할 수 있습니다.

이처럼 만들어진 자석은 외부로부터 가해지던 자화력이 없어지더라도 안에 들어 있는 미니자석들의 배열이 정돈된 그대로 남아 있기 때문에 계속 자석의 성질을 띠게 됩니다.

이처럼 자화력이 없어진 뒤에도 미니자석들이 일정하게 배열되어 있는 것을 일컬어 잔류자기라고 합니다. 좋은 자석이란, 잔류자기가 큰 것을 말합니다.

또한 좋은 자석은 잔류자기의 성질을 오랫동안 보존할 수 있는 보자력이 큰 것이어야 합니다.

또한 자석의 양쪽 끝 극 부분에 정렬되어 있는 미니 자석들이 스스로 정렬된 상태를 흐트리려는 성질인 감자력은 작을수록 좋은 자석이 됩니다.

뿐만 아니라, 좋은 자석이 되기 위해서는 실용적으로 사용할 수 있는 크기와 모양을 지녀야 하고, 자석을 만드는 재료의 가격도 적당해야 합니다.

금속자석과 페라이트자석

처음 발견된 천연 자철광만을 떼어 내어 자석으로 사용하던 사람들은 자석의 편리한 점을 더욱 잘 이용하기 위해 여러 가지 자석들을 만들어 내었습니다.

그 중에서도 가장 흔한 것이 강철을 이용하여 만든 자석입니다. 이러한 자석을 금속자석이라고 합니다.

강철은 탄소 성분을 조금 가지고 있는 쇠를 말합니다.

강철은 아주 오래 전부터 사람에게 많은 이익을 주었습니다.

사람들은 강철을 이용하여 칼을 만들고, 창을 만들어 사냥을 하거나 전쟁의 무기로 사용하였습니다.

이러한 강철이 아주 좋은 자석이 된다는 사실이 알려진 것은 서기 300년 경의 일입니다.

그 후로는 텅스텐이라던가, 크롬 등이 함유된 자석강이 만들어졌습니다.

근대에 들어와서 자석을 주로 연구하고 발전시킨 사람들은 일본의 과학자들입니다. 특히 일본에서는 여러 가지 공업품에 자석을 이용하였습니다.

1917년에는 일본의 혼다 박사들이 케이에스(KS)강을 발명하였습니다.

이 자석은 그때까지 사용되던 자석의 보자력을 세배나 강화시켜 준 놀라운 것이었습니다. 보자력이란 자석의 성질을 보존해주는 힘을 말합니다.

1931년에는 일본의 미시마 박사가 엠케이(MK)강을 발명해 내었습니다.

엠케이강은 케이에스강보다도 보자력이 2배 이상이나 높은 아주 우수한 성능의 자석이었습니다.

보자력이 크다는 것은 자석의 성질을 아주 오랫동안 잘 지켜 준다는 말이기 때문에 자석의 발달은 보자력을 얼마나 증가시켜 주느냐에 달려 있다고 말할 수 있습니다. 자석을 연구하는 사람들은 자석의 재료에다 어떻게 보자력을 강화시키느냐 하는 것을 주로 연구합니다.

일본의 과학자들은 자석의 보자력을 강화시키는 데 있어서 아주 많은 성공을 거두었습니다.

엠케이강은 니켈과 알루미늄을 함유한 강철입니다.

미국에서는 일본에게 뒤질세라, 엠케이강에 코발트를 섞어 만든 알니코자석을 만들어 내었습니다.

그 후, 일본에서도 미국이 만든 것처럼 엠케이강에 코발트를 첨가한 높은 성능의 자석을 개발해 내었습니다.

엠케이자석이 발명될 무렵에 새로운 자석이 다시 태어났습니다.

이것 역시 일본의 과학자에 의해서 만들어졌습니다.

오피(OP)자석이라고 불리는 이 자석을 개발해 낸 사람은 가토 박사와 다케이 박사입니다.

오피자석은 금속에 생기는 녹 성분을 이용해서 만든 자석입니다.

금속이 공기 중에 오랫동안 방치되어 있으면, 공기 중에 들어 있는 산소에 의해서 녹이 생기게 됩니다.

이러한 녹을 금속의 산화물이라고 합니다.

이러한 금속의 산화물 중에서도 특히 페라이트라고 불리는 물질은 그 구조가 자철광과 비슷하여 자석을 만드는 데 아주 적합한 재료였습니다.

가토 박사와 다케이 박사는 금속에 생기는 녹을 이용하여 페라이트를 만들어 내었습니다.

오피자석의 보자력은 엠케이자석보다 훨씬 높습니다.

그런데 오피자석이 갖고 있는 잔류자기의 양은 강철로 만든 자석의 삼 분의 일 정도밖에는 되지 않았

습니다. 같은 면적의 자극에서 나오는 자기력선의 수가 강철로 만든 자석의 삼 분의 일밖에는 되지 않았던 것입니다.

자기력선의 수가 적으면 좋은 자석이 될 수 없습니다.

오피자석을 만드는 금속 산화물 속에는 자석의 성분으로 쓰이는 미니자석이 강철보다 훨씬 작게 들어 있습니다. 그래서 자기력선의 수도 강철에 비해 훨씬 적게 나오는 것입니다.

그러나 다행히 오피자석은 강철자석에 비해서 훨씬 가벼웠습니다.

그래서 가토 박사와 다케이 박사는 자극 면적을 강철 자극의 면적보다 세 배 정도 넓게 만듦으로서 자기력선의 수를 증가시키는 방법으로 오피자석을 개발하였습니다. 이런 과정을 통해 개발된 오피자석은 매우 특이한 자석이었습니다.

그래서 오피자석은 개발되어 나오자마자 전 세계 자석 연구가들의 관심을 끌었습니다.

네덜란드의 필립스 회사에서는 일본에서 개발된 오피자석에 대해서 집중적으로 연구했습니다.

많은 과학자들이 모여 오피자석의 재료인 페라이트를 연구했습니다.

그 결과, 1951년에 아주 우수한 바륨 페라이트자석이 탄생하였습니다.

바륨•페라이트자석은 보자력이 아주 높은 자석입니다. 게다가 자석을 만드는데 필수적으로 들어가는 코발트를 거의 사용하지 않고 만든 자석이었습니다.

자석을 만들기 위해서 반드시 들어가야만 하는 코발트는 값이 매우 비싼 재료였습니다. 그러한 코발트를 사용

하지 않아도 되었으니, 자석의 가격이 낮아지게 마련이었습니다.

그 후, 과학자들의 눈부신 연구성과 덕택으로 바륨 페라이트자석은 더욱 자성이 강화되었습니다. 이렇게 만들어진 바륨·페라이트자석은 여러 가지 공업에 널리 이용되었습니다.

이러한 바륨·페라이트자석을 줄여서 페라이트자석이라고 합니다.

페라이트자석의 원조 격인 오피자석은 페라이트자석에게 모든 명예를 넘겨 주고야 말았습니다.

오피자석을 만들기 위해서는 값비싼 코발트가 반드시 필요했기 때문에, 페라이트자석이 발명되면서부터 그 명성이 순식간에 꺾여 버리고 말았던 것이지요.

페라이트자석은 녹의 성분을 원료로 해서 만들었기 때문에 '녹자석' 이라고도 불립니다.

또한 페라이트자석을 만드는 과정이 도자기를 굽는 과정과 비슷하다고 해서 '도자기자석' 이라고도 불립니다.

페라이트자석은 철의 산화물을 재료로 삼습니다.

철의 산화물은 '홍각' 이라는 붉은 가루인데, 이것은 철교나 커다란 배 등에 녹을 방지하기 위한 붉은 도료로 사용되기도 합니다. 홍각을 용제에 섞어 바르는 것이지요. 페라이트자석을 만들기 위해서는 홍각에다가 탄산바륨이라는 흰 가루를 섞어 도자기를 굽듯이 구워냅니다. 홍각에 탄산바륨을 섞어 구우면 산화물이 만들어지는 것입니다.

홍각에 탄산바륨을 섞어 구워낸 물질이 바로 페라이트입니다. 이것은 정확히 말하면 바륨 • 페라이트입니다.

페라이트의 모양을 만들어 내기 위해서는 틀을 사용합

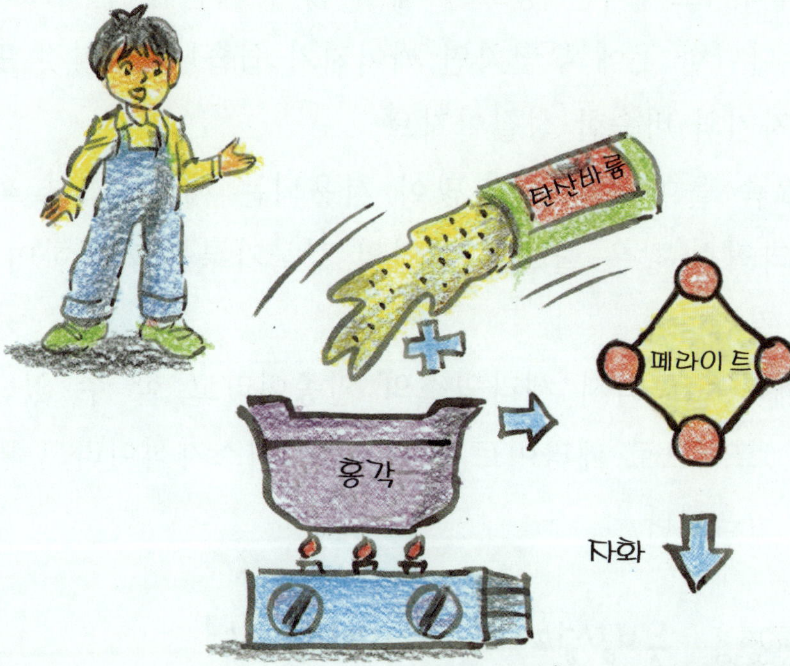

바륨 • 페라이트 자석

니다. 금속으로 만든 틀에 가루를 넣고 큰 압력을 가해 주면 일정한 모양이 만들어집니다.

이러한 과정이 모두 도자기로 그릇을 만들어 내는 과정과 비슷하기 때문에 페라이트자석을 도자기자석이라고 부르는 것입니다.

페라이트가 완성되면, 그 다음으로는 자화의 단계를 거쳐야 합니다.

자석의 성질을 페라이트에 고정시켜 주는 것이지요.

페라이트자석은 강도가 세지 않기 때문에 떨어뜨리거나 단단한 곳에 부딪치면 깨어지기 쉽습니다. 이것 또한 도자기와 비슷한 성질이지요.

요즘 들어 신소재로 많이 사용되는 세라믹스나 파인세라믹스 같은 물질도 천연의 광물가루를 가공하여 만든 것입니다.

페라이트 역시 세라믹스의 일종이라고 할 수 있습니다. 그러므로 페라이트자석은 세라믹스자석이라고 말할 수 있습니다.

등방성자석과 이방성자석

페라이트가 다 구워지면 자성을 넣어 주는 자화의 단계를 거치게 됩니다.

이러한 과정을 '착자'라고 합니다.

처음 구워져 나온 페라이트를 보면 앞뒤나 위아래 구별이 없습니다. 그저 페라이트 조각일 뿐이지요.

그래서 자성을 어느 방향으로 넣어 주더라도 균일한 자성을 지닌 자석이 만들어지게 됩니다.

그러나 생각을 조금 달리한 과학자들이 있었습니다.

이러한 과학자들은 페라이트의 특정한 한 방향에서만 착자를 시켜보았습니다. 자성의 세기가 부분별로 다른 자석을 만들어 내고자 했던 것이지요.

이렇게 해서 만들어진 자석을 이방성자석이라고 합니다. 착자를 시켜준 방향이 다른 것이라고 해서 붙여진 이름입니다.

이에 비해서 자화를 보통 방법으로 자석에 균일하게 착자시킨 자석을 등방성자석이라고 합니다.

바륨 페라이트의 모양은 짧은 육각기둥 모양을 하고 있습니다. 이 기둥의 높이 방향이 자화를 잘 받아들입니다. 즉 페라이트자석은 높이의 방향으로 자성이 들어가기 좋은 성질을 지니고 있습니다.

그래서 과학자들은 페라이트의 육각기둥들을 높이 방향으로 가지런히 배열하여 아주 납작한 자석을 만들어 내었습니다.

납작하면서도 강한 자성을 띠는 자석이야말로 공업기술을 발달시키는 데 무척 필요한 것이었습니다.

페라이트자석에 착자 방법을 다르게 해 보임으로써 드디어 납작한 자석이 탄생하기에 이르렀던 것입니다.

이처럼 납작한 모양의 이방성자석은 등방성자석보다

훨씬 만들기가 어렵습니다.

그러나 요즘에 들어서는 자석을 만드는 기술이 매우 발달하였기 때문에, 납작한 자석도 대량생산되고 있습니다.

란탄계열 코발트자석, 란탄계열 철자석

페라이트자석이 개발된 이후, 자석의 발달은 아주 눈부신 공적을 이루었습니다.

세계 각국에서는 새로운 자석을 개발하기 위해서 박차를 가했습니다.

1970년 대에 이르러, 란탄계열 코발트자석이라는 놀라운 성능의 합금자석이 개발되었습니다.

란탄계열 코발트자석의 성능은 아주 놀랍습니다.

가로, 세로, 높이가 각각 1cm인 크기의 자석으로 들어올릴 수 있는 란탄계열 코발트자석의 세기는 페라이트자석의 다섯 배나 됩니다.

즉 같은 크기의 페라이트자석이 0.6kg의 철을 들어올린다면, 란탄계열 코발트자석은 3.3kg의 철을 끌어올릴 수 있는 막강한 힘을 내는 것입니다.

페라이트 자석과
란탄, 코발트 자석의
성능을 비교해 봅시다.
철
0.6kg
3.3kg
페라이트자석
란탄, 코발트

란탄계열 코발트자석이 갖는 보자력 역시 페라이트 자석의 3.3배 정도 큽니다.

이러한 란탄계열 코발트자석은 연구실에서 어렵게 만들어지는 것이 아니라, 공장에서 대량생산을 하도록 개발된 것이 더욱 놀라운 일이었습니다.

이처럼 막강한 위력을 지닌 자석이 공장에서 대량생산된다면 산업의 곳곳에서 아주 유익하게 사용될 수 있기 때문입니다.

그러나 란탄계열 코발트자석에게도 약점이 있습니다.

란탄계열 코발트자석은 가격이 몹시 비싼 게 흠입니다. 자석을 만드는 원료도 비싼 데다가, 자석을 만드는 제조공정도 무척 복잡하기 때문에 생산하는 데 드는 돈이 많을 수밖에 없습니다. 그래서 란탄계열 코발트자석은 가격에 상관없이 아주 막강한 성능의 자석이 필요한 곳에서만 쓰이고 있습니다.

페라이트자석과 란탄계열 코발트자석의 가격을 비교해 보면, 란탄계열 코발트자석이 얼마나 비싼 것인지 상상할 수 있습니다.

1986년 일본의 신문에서 비교된 두 가지 자석의 가격을 보면, 페라이트자석은 1kg에 700엔인데 비해서 란

탄계열 코발트자석의 가격은 4만 엔이라고 나와 있습니다. 그러므로 란탄계열 코발트자석은 페라이트자석보다 무려 57배 이상 비싼 가격을 주어야 살 수 있는 것입니다. 란탄계열 코발트자석이 왜 이렇게 비싸야 하는지, 그 제조공정을 살펴보도록 합시다.

란탄계열 코발트자석은 금속자석의 일종입니다.

그래서 금속을 녹이는 주조의 과정을 거쳐야 합니다.

그 다음에는 만들어진 재료를 모두 분쇄하여 페라이트처럼 모양을 만드는 과정을 거칩니다. 이 과정에서 란탄계열 코발트자석이 이방성을 갖도록 모양을 만들어 줍니다.

자석의 모양이 다 만들어졌으면, 그 다음에는 자석의 모양을 용광로에서 굽습니다. 그 다음으로 자성을 넣어주는 착자 과정이 진행됩니다.

이런 과정을 거치는 것은 페라이트자석과 비슷합니다.

그래서 란탄계열 코발트자석도 세라믹스자석의 한 종류로 분류합니다.

란탄계열 코발트자석의 가격이 너무 비쌌기 때문에, 이러한 약점을 보완시켜주는 새로운 자석이 탄생했습니다. 바로 사마륨 코발트자석이라고도 불리는 란탄계열 철자석입니다.

란탄계열 철자석은 외국에서 먼저 발명되었지만, 그 후 일본에서 더욱 개발, 발전되었습니다.

란탄계열 철자석에 쓰이는 재료는 네오디뮴이라는 원소입니다.

그리고 비싼 코발트 대신에 철을 사용하는 것이 특징입니다.

란탄계열 철자석은 가로, 세로, 높이가 각각 1cm인 크기로 4.7kg의 철을 들어 올릴 수 있습니다.

이것은 페라이트자석의 8배, 란탄계열 코발트자석의 1.4배에 해당하는 막강한 능력입니다.

고무자석과 플라스틱자석

지금까지 이야기한 자석의 종류들은 금속자석과 페라이트자석, 이방성자석과 등방성자석, 란탄계열 코발트자석과 란탄계열 철자석 등 낯설고 어려운 이름의 자석들이었습니다.

이러한 자석들은 주로 공장이나 최첨단 기술 제품의 내부에서 사용되는 것이므로 실제로 우리의 주변에서 쉽게 찾아볼 수는 없습니다.

그렇다면 이번에는 우리 주변에서 쉽게 찾아볼 수 있는 자석 종류를 찾아보기로 합시다.

텔레비전 프로그램에서는 우리가 알고 있는 것보다 훨씬 많이 자석을 사용합니다.

먼저 일기예보 프로그램을 살펴봅시다.

일기도를 그린 비닐이나 얇은 고무판이 지도 위에 잘

달라붙어 있는 것을 볼 수 있습니다.

또한 바둑 프로그램에도 자석이 많이 사용됩니다.

직각으로 세워 놓은 바둑판 위에 바둑알을 갖다 대면, 바둑알은 밑으로 주르륵 흘러내릴 것만 같은데, 웬걸 아주 척척 잘 달라붙습니다.

이러한 일기예보 판이나 바둑판에는 자석이 들어 있습니다. 이러한 자석은 아주 특수한 재료에 섞여 만들어진 것입니다.

이러한 것은 가루로 만든 자석을 고무나 플라스틱 속에 넣고 잘 반죽하여 판지 모양으로 얇팍하게 펴놓은 고무자석, 혹은 자석고무입니다.

이것은 앞에서 말한 거창한 자석에 비하면 아주 보잘것없는 것처럼 느껴지지만, 그러나 우리 생활에서 커다란 제 몫을 하고 있는 자석입니다.

자석과 고무를 섞는다는 착상은 아주 놀라운 일입니다. 자석 재료라고 한다면, 딱딱한 철강 같은 것들만 떠올리기 쉬우니까요.

그러나 "말랑말랑한 고무와 자석을 혼합하여 여러 가지 도구를 만들어 사용하면 얼마나 편리할까."라는 생각의 출발이 이러한 고무자석을 만들어 낸 계기가 된 것입니다. 하지만 이러한 고무자석도 놀라운 기술을 바탕으로 만들어집니다.

고무와 자석을 섞어 고무자석을 만들어 내는 일에는 보자력이 가장 심각한 문제로 등장합니다.

가루로 만들어진 자석이 끈끈한 고무 속에서 어떻게 자석의 성질을 발휘할 것이냐 하는 문제는 철강을 가지고 자석을 만드는 것보다 더 어려운 일이었을지도 모릅니다.

고무자석이 개발되어 실제 생활에 처음 쓰이기 시작한 때에는 1955년경부터 입니다.

고무자석은 가위로 자르거나, 금형으로 모양을 찍어낼 수 있었기 때문에 딱딱한 자석으로 이용하지 못했던 여러 가지 경우에 사용할 수 있었습니다. 고무자석이 사용되는 대표적인 예는 냉장고를 들 수 있습니다.

냉장고의 문과 냉장고의 문이 닫는 테두리에는 고무자

석이 들어 있습니다.

냉장고의 문을 연 후, 일부러 문을 다시 닫지 말고 그저 슬쩍 밀어 주기만 해 보십시오.

냉장고의 문은 사람이 일부러 닫지 않아도 저절로 닫힙니다.그것은 냉장고 입구에 들어 있는 자석과 냉장고 문에 들어 있는 자석이 서로를 끌어당기기 때문에 일어나는 현상입니다.

고무자석은 냉장고에 사용되면서부터 그 편리함이 널리 알려졌습니다.고무자석이 널리 쓰이면서부터는 자석가루와 플라스틱을 혼합하여 만든 플라스틱자석이 개발되었습니다.플라스틱자석은 갖가지 모양으로 자석을 찍어 낼 수 있다는 장점이 있습니다.

이러한 고무자석과 플라스틱자석은 모양을 압출성형할 때 이방성으로 자화되도록 만들어졌습니다.

이것은 고무나 플라스틱 속에 들어 있는 자석가루를 사람이 자화하려는 방향으로 정렬시키는 기술이 개발되었기 때문에 가능해진 일이었습니다.

즉 자화시키려는 방향에 적당하도록 자석가루의 모양을 만든 후, 고무나 플라스틱과 반죽하는 것입니다.

이렇게 만들어진 고무자석은 사람이 자화시키고 싶은 방향으로 미니자석들이 정렬되도록 만들어졌기 때문에 자력이 강한 것이 특징입니다.

이방성으로 만든 고무자석은 등방성으로 만든 페라이트자석과 비슷한 성능을 보입니다. 게다가 이방성 고무자석은 한꺼번에 많은 양을 생산할 수 있는 장점이 있습니다. 그래서 이방성 고무자석이 페라이트자석이 쓰이는 곳에 점점 더 많이 사용되어 가고 있습니다. 그러나

☆고무나 플라스틱 자석을 이용한 제품들☆

고무자석이나 플라스틱자석에도 약점이 있습니다.

고무자석이나 플라스틱자석은 자석 가루를 고무나 플라스틱 반죽에 섞어 만든 것이기 때문에 당연히 강철자석이나 페라이트자석보다 자력이 약할 수밖에 없습니다. 그래서 같은 크기의 자석을 놓고 비교해 보면, 고무자석이나 플라스틱자석의 성능은 강철자석이나 페라이트자석에 비해 보잘것없이 보입니다.

그럼에도 불구하고, 고무자석이나 플라스틱자석은 자신만이 갖는 장점을 잘 살려서 우리 주위의 실생활에서 널리 이용되고 있습니다.

고무자석이나 플라스틱자석은 교재나 문방구, 장난감, 가정용품, 도장, 간판, 모터, 스피커나 마치크, 헤드폰, 라디오, 텔레비전, 복사기 등 우리 주변에서 볼 수 있는 작은 제품들 속에서 아주 편리하게 이용되고 있습니다.

초전도자석

초전도자석이란 이제까지 볼 수 없었던 막강한 위력을 과시하는 자석을 말합니다.

자력이 강한 자석을 원한다면, 아무래도 전자석을 사용하는 것이 최상의 방법입니다.

그러나 자석 그 자체만으로도 전자석에 능가하는 위력을 발휘하는 것이 있습니다. 바로 초전도자석입니다.

초전도자석은 전자석과 비슷한 구조를 하고 있습니다.

전자석의 구조는 어떻게 생겼을까요?

전자석에 대해서는 앞에서 자세히 설명했으므로, 이제는 여러분이 더 잘 알고 있을 것입니다.

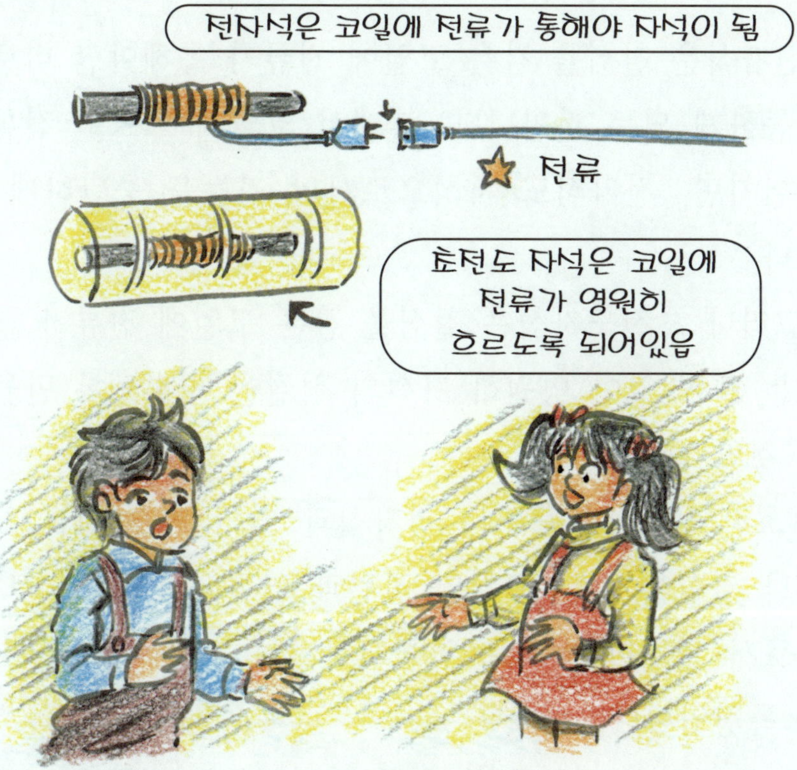

전자석은 철심을 코일로 감아 만든 것입니다.

코일로 전류가 통하면, 그 힘에 의해서 가운데 들어있는 철심이 자화되는 것이 바로 전자석이지요.

전자석의 자력을 세게 하려면 어떻게 해야 할까요?

코일에 흐르는 전류의 양을 증가시켜 주면 됩니다.

코일에 통하는 전류의 크기가 세면 셀수록 가운데 들어 있는 철심의 자력도 세어집니다. 초전도자석은 이러한 전자석의 원리를 응용한 것입니다.

전자석은 철심을 감은 코일에 전류가 통해야만 비로소 작동하게 되는 것입니다. 그래서 코일에 흐르던 전류가 끊어지면, 전자석도 자석으로서의 기능을 중단하게 됩니다.

그러나 초전도자석은 철심을 감은 코일에 전류가 끊어지는 일이 없이 영원히 자석의 성질을 지니도록 만들어진 것입니다.

초전도자석의 구조는 전자석과 거의 비슷합니다. 그러나 철심을 감은 코일의 전원과 연결되지 않고, 그 자체로서 완전한 원으로 연결되어 있는 것이 초전도자석의 특징입니다.

그래서 한번 전류를 통해 주고 나면, 그 전류들이 고리처럼 연결된 코일을 빙글빙글 돌아다니며, 철심을 영원히 자석으로 만들어 주는 것이지요.

그러므로 초전도자석은 제일 처음에만 코일에 전류를 흘러 보내주면 되는 것입니다.

초전도자석을 만들기 위해서는 무엇보다도 초전도에 관한 연구가 이루어져야 합니다.

초전도란 전기저항이 하나도 없는 상태를 말합니다.

초전도 현상을 발견한 사람은 네덜란드의 온네스라는

수은

과학자입니다.

온네스는 1911년에 수은을 연구하다가 초전도 현상을 발견하였습니다.

그 다음에는 수많은 금속 원소와 합금에서 초전도 현상이 발견되었습니다.

초전도 상태가 되기 위해서는 무척 까다로운 조건들이 필요합니다.

우선 초전도 상태가 잘 이루어지는 재료를 찾아야 합니다.

초전도 상태가 되기 위해서는 그 재료의 온도가 섭씨 -273도를 유지해야 합니다.

이러한 상태를 잘 유지하려면 액체 헬륨에 완전히 담가 두는 것이 가장 안전합니다.

초전도자석은 아직 연구 단계에 있습니다.

하지만 이러한 초전도자적이 실용화 단계에 이르기만 하면, 인류의 문명은 다시 한번 눈부시게 피어날 수 있습니다.

그 날을 기대하면서 수많은 과학자들이 지금 이 시간에도 초전도자석을 연구하고 있는 것입니다.

자석의 이용

모터에 쓰이는 자석

자석은 갖가지 모터에서 사용되고 있습니다.

자전거를 살펴보면, 램프용 소형 발전기가 붙어 있다는 사실을 알 수 있습니다. 이러한 램프용 소형 발전기 안에는 자석이 들어 있습니다.

마그네토라고 불리는 이러한 발전기는 엔진을 가동하는 데 있어서 필수적으로 있어야 할 장치입니다.

그래서 자동차에도 필수적으로 갖추어져 있습니다.

이러한 발전기에 사용되는 자석은 거의 다 페라이트 자석입니다.

오토바이용 발전기에도 자적이 들어 있습니다.

오토바이용 발전기에는 코일이 움직이지 않고 자석이

움직이는데, 이것은 자전거의 경우와는 자석과 코일의 위치가 반대로 작동합니다.

자석은 마이크로폰에도 들어 있습니다.

마이크로폰은 소리를 전기로 바꾸는 발전기입니다.

마이크로폰에는 다이나믹형과 무빙코일형 등의 종류가 있습니다.

마이크로폰의 구조를 잠깐 살펴봅시다.

얇은 알루미늄 판으로 만들어진 진동판이 음파를 받아

진동하면, 그 가장자리에 붙어 있는 코일이 따라서 진동합니다. 이 코일은 영구자석의 자기력선이 통과하고 있는 좁은 틈새에 놓여 있습니다.

그래서 코일이 진동하면 자기력선이 끊어지게 됩니다. 이 때 전기가 발생하여, 발전기가 제 역할을 해 내게 되는 것입니다.

요즘에는 전화기의 송화기에도 전자기유도식이 사용됩니다.

그전까지만 해도 송화기에는 탄소 입자 사이의 전기저항이 변하는 작용에 의해서 음성을 전류로 바꿔주는 방법이 주로 사용되었습니다.

그러나 전자기유도식이 발달된 요즘의 전화 송화기에서도 자석이 들어가 한몫을 톡톡히 해 내고 있습니다.

모터는 아주 작은 것에서부터 큰 것까지 종류가 무척 다양합니다.

초등학생이 쓰는 연필깎이에도 모터가 들어 있고, 남자 어른이면 누구나 사용하는 전기면도기에도 모터가 들어 있습니다. 손목시계 속에도 모터가 들어 있고, 누나나 오빠가 가지고 다니는 소형 카세트 라디오에도 모터가 들어 있습니다.

모터는 아주 간단한 원리로 작동합니다.

아주 작은 모터들은 거의 대부분 자석식으로 만들어져 있습니다.

이러한 모터들은 건전지로 움직입니다.

이처럼 소형 모터가 발달하게 된 계기는 자석의 발달에서 비롯되었습니다.

자동차용 모터처럼 커다란 모터를 움직이기 위해서는 배터리를 사용해야 합니다. 이러한 종류의 모터를 직류 모터라고 합니다.

엔진 시동용으로 쓰이는 모터는 셀모터입니다. 또한 스타터 모터라는 것도 있습니다.

자동차의 앞뒤 유리창을 닦아주는 와이퍼 역시 와이퍼 모터가 있어야 작동합니다.

이처럼 모터의 종류는 셀 수도 없이 많습니다.

자동차 하나에만도 40여 개의 모터가 들어 있으니, 우리 주변에서 사용되고 있는 모터가 얼마만큼 될는지는 상상하기조차 어렵습니다.

모터는 기술이 발달할수록 크기가 줄어들고, 모양도 납작해집니다. 이러한 일은 자석의 발달로 더욱 완벽하게 이루어집니다.

스피커에 사용되는 자석

스피커에 사용되는 자석은 모터에서처럼 전자기력을 이용하는 장치에 쓰입니다.

보통의 모터에서는 자석이 회전 운동을 하지만, 스피커에 쓰이는 자석은 직선 모양의 왕복 운동을 합니다.

자석의 에스극과 엔극 사이에 있는 도선에 음성이나 음악에 해당하는 전류를 흘려 보내면, 자석은 이에 해당하는 진동을 일으키게 됩니다.

스피커에 사용되는 자석에는 두 가지가 있습니다.

하나는 금속자석이고, 다른 하나는 페라이트자석입니다. 금속자석을 사용하는 경우에는 자석이 원기둥형으로 생겨서 스피커 내부에 있는 철로 둘러싸여 있습니다. 이러한 형식의 스피커를 내자형, 또는 외철형 스피커라고 합니다.

페라이트자석이 쓰이는 자석은 통채로 자른 파인애플 모양을 하고 있습니다. 페라이트자석은 금속자석에 비해서 자기력선의 수가 작기 때문에, 자극의 면적을 확대시켜 주어야 합니다. 페라이트 자극의 면적을 넓혀 주다 보니, 자연히 파인애플 모양을 하게 된 것입니다.

페라이트자석을 사용한 스피커는 외자형, 또는 내철형 스피커라고 합니다. 이러한 스피커는 소리의 높이를 비교적 낮추어 주기 때문에 소형 음향기기에 많이 쓰입니다.

전화에는 말하는 쪽의 송화기와 소리를 듣는 쪽의 수화기가 있습니다.

송화기와 수화기의 기능이 분명 다른 것인데도, 두 부분의 구조는 거의 같습니다.

이해가 잘 되지 않는다면 여러분의 집 현관에 있는 인터폰을 생각해 보십시오 쉽게 알 수 있을 것입니다.

인터폰은 하나의 스피커 장치로 밖에서 말하는 사람의 이야기도 들을 수 있고, 또한 집 안에서 하는 이야기를 대문 밖으로 전달할 수도 있습니다.

이러한 현상은 스피커 내부에 소리를 서로 전달해 주는 전환 장치가 있기 때문에 가능해집니다.

즉 스피커 내부에는 신호등 같은 장치가 있어서, 이쪽에서 말한 소리를 저 쪽으로 전달해 주고, 저 쪽에서 말한 소리를 다시 이 쪽으로 전달해 주는 기능을 해 내는 것입니다.

이 밖에도 자석은 여러 곳에서 사용되고 있습니다.

전기의 흐름을 나타내는 직류용 미터에도 자석이 사용됩니다. 이 때의 자석은 전자기력에 의해서 움직이고, 회전운동을 하지 않습니다.

그래서 직류용 미터에 사용되는 자석은 스피커에서 사용되는 자석과 비슷한 역할을 합니다.

직류용 미터에 있는 자석의 엔극과 에스극 사이에는

도선이 있는데, 여기에 전류가 통하면 전자기력이 생깁니다. 이 때 생기는 전자기력이 항상 일정하다면, 전자기력은 전류의 세기에 비례하게 됩니다.

그러므로 자석 사이에 있는 도선의 움직임대로 전기미터기의 바늘이 흔들리도록 장치해 두면 전류의 양을 측정할 수 있게 되는 것입니다.

미터에 있어서 자기력선이 일정하다는 것은 아주 중요한 조건입니다.

그래서 전기 미터기에는 영구자석을 사용해야 합니다. 하지만 영구자석도 온도가 바뀌거나 진동이 달라지면 자기력선의 변화가 일어납니다.

이러한 일을 방지하기 위해서는 보자력이 높은 자석을 사용해야 합니다.

마이크로파를 만드는 자석

모터나 마이크로폰에서는 전자기력을 이용하여 도선이 움직였습니다.

이것은 전류가 자기력선을 통과하여 도선으로 흘러 들어갔기 때문에 일어나는 현상이었습니다.

만약 이러한 구조에서 도선이 없다면 어떻게 될까요?

도선이 없다고 하더라도 전류가 흐른다면, 전류에 있는 전자의 영향을 받아 전류의 흐름이 계속 이어지게 됩니다.

이러한 경우를 텔레비전에서 찾아봅시다.

텔레비전에는 브라운관이라는 장치가 있습니다.

브라운관은 텔레비전의 화면을 나타나게 해 주는 장치입니다.

브라운관의 안쪽에서부터 전자가 발생되면, 그 전자는 화면에 충돌하여 빛을 나게 합니다. 이러한 전자의 흐름 중간에는 자기력선이 있습니다.

이 때 자기력선이 변하면, 전자가 흐르는 방향도 변합니다.

이러한 과정을 통해서 텔레비전의 화면이 나타나게 되는 것입니다.

이 원리에 의해서 만들어진 것이 마그네트론이라고 불리는 진공관입니다.

마그네트론은 레이더의 발진관 등에 널리 이용되고 있으며, 우리 주위에도 많이 있습니다.

마그네트론이 있는 가정용품으로써 대표적인 것이 전자렌지입니다.

전자렌지가 하는 일은 여러 가지가 있습니다. 얼은 것을 녹이기도 하고, 가열을 하거나, 굽는 작용도 하고, 국물이 없는 상태의 음식도 타지 않게 익혀 줍니다.

전자렌지는 어떤 이치에 의해서 작동하는 것일까요?

전자렌지는 텔레비전과 마찬가지로 마그네트론에서 나오는 마이크로파에 의해서 작동합니다.

마이크로파는 파장이 무척 짧은 것으로서, 전자렌지는

마이크로파에 의해서 음식을 유도가열 합니다.

우리가 먹는 음식물에는 반드시 수분이 들어 있습니다. 유도가열이란, 음식물에 들어 있는 수분으로 하여금 운동을 하여 열을 내도록 만드는 것입니다.

음식물 안에 들어 있는 수많은 물분자가 운동을 하면, 그 자체에서 나오는 열량이 그 음식물을 익힐 정도로 충분하게 되는 것입니다.

전자렌지에서는 1초 동안에 200만 번 이상이나 방향을 바꾸는 자기력선이 나와서 음식물 속에 들어 있는 물분자에 작용합니다.

이러한 작용을 통해서 물분자들은 1초 동안에 2백 수십만 번이나 진동하며 서로 충돌하여 열을 내게 되는 것입니다.

이 때는 물분자에 의해서 만들어지는 열이 물분자 자신을 데우는 역할을 하므로 전기 에너지가 직접 열에너지로 변하는 효율적인 에너지 변환이 이루어집니다. 이 과정이 마이크로파에 의한 전자렌지의 원리입니다.

그러면 마이크로파를 내는 진공관, 즉 마그네트론에 대해서 살펴보도록 합시다.

마그네트론은 전기의 양(+)극이 되는 원통과, 그 중심

축에 음(-)극이 놓여 있는 구조로 되어 있습니다.

자기력선은 음극으로 된 중심축과 평행하게 만들어지는데, 이러한 자기력선은 페라이트자석에 의해서 만들어집니다. 처음 만들어진 전자렌지에 사용되었던 마그네트론에는 금속자석이 주로 사용되었는데, 요즘에 와서는 거의 다 페라이트자석으로 바뀌어 사용되고 있습니다.

전자렌지 안에는 마이크로파를 조정하는 안테나 장치가 있습니다.

마그네트론에서 나오는 마이크로파들은 이러한 안테나 장치에 의해서 가열될 물질로 쏘아 보내집니다.

이처럼 자석은 우리 주변의 곳곳에서 맹활약하고 있습니다.

복사기에 쓰이는 자석

자석의 특징으로는 철을 끌어당기는 것을 들 수 있습니다.

그러나 이에 못지않는 것이 바로 자석의 반발력입니다. 자석의 같은 극끼리 마주대면, 서로를 밀어내는 현상이 바로 자석의 반발현상이지요.

요즘 웬만한 문방구에는 복사기가 한 대씩 자리잡고 있습니다.

복사기는 1960년대 초에 처음 개발되었는데, 30여 년이 지난 지금은 없어서는 안 될 생활의 필수품이 되어버렸습니다.

복사기의 내부에서는 자석이 아주 중요한 역할을 하고

있습니다.

자석이 복사기 안에서 하는 일은 어떤 과정을 통해서 이루어질까요?

복사기의 원리는 사진의 원리와 비슷합니다.

원본이 복사본으로 나오기 위해서는 촬영, 현상, 인화라는 세 과정을 거쳐야 합니다. 자석은 이 세 가지 과정 중에서 현상 과정에 사용됩니다.

복사기에 들어 있는 자석은 브러시의 역할을 하기 때문에 보통 자석브러시라고 불립니다.

원본을 복사기 위에 올려놓고 덮개를 닫은 후 작동스위치를 누르면, 아주 환한 불빛이 복사기의 윗면을 한번 훑고 지나가는 것을 알 수 있습니다.

이것이 바로 원본을 촬영하는 과정입니다.

이렇게 촬영된 원본의 상은, 우리 눈에 보이지 않는 잠상으로 만들어집니다. 이러한 잠상을 눈에 보이도록 만드는 것이 현상 과정입니다.

사진에서는 노광에 의해서 감광판, 즉 필름 위에 만들어진 잠상을 눈에 보이는 필름으로 현상하기 위해서 현상액을 사용합니다.

즉 감광이 끝난 필름을 현상액에 담가 화학처리를 하면, 현상 과정이 끝나는 것이지요.

하지만 복사기에서는 잠상으로 만들어진 감광층에 색깔이 있는 미립자를 발라서 현상합니다. 이 때 색깔이 있는 미립자는 감광층에서 빛을 받지 않은 부분에 부착됩니다.

이와 같은 방법으로 잠상을 현상하려면, 토너를 감광층의 표면에 아주 일정하게 발라 주는 일이 중요합니다.

자석은 바로 이 과정에서 등장합니다.

안쪽에 자석을 내장한 마그네트 롤러를 사용하는 것입니다. 토너에 철분을 섞어 두고 자석을 접극시키면, 자극에 달라붙을 것입니다.

이 때 토너와 롤러는 자기력선에 따라 부착되기 때문에, 앞쪽이 벌어지면서 토너끼리 연결됩니다.

이것으로 셀렌층의 표면을 쓰다듬어 주면, 눈에 보이지 않는 자기력선이 빗자루의 털 역할을 하여 감광층에 색칠을 하게 됩니다.

자기력선은 아무리 오래 쓰더라도 닳거나 빠지지 않기 때문에 훌륭한 브러시의 역할을 합니다.

이런 과정을 통하여 현상을 하고 난 뒤, 인화 과정을 통과하면 복사본이 완성되어 기계 밖으로 빠져 나오게 됩니다. 자석의 원리를 응용하여 만든 복사기는 무척 뛰어난 착상이며, 놀랍고도 재미있는 발명품입니다.

자석 지퍼

철로 된 재료를 가공하려면 아주 힘이 듭니다.

무겁디무거운 철 재료를 공작 기계에 고정시켜 놓고,

움직이지 않도록 볼트와 너트로 고정시켜야 합니다.

이처럼 번거로운 과정을 생각하기 위해서 자석을 사용합니다. 이 때 사용하는 자석은 자력이 무척 세어야 하기 때문에 대부분 전자석을 사용합니다.

자석을 이용하여 철을 들어 올려 가공을 한 후, 자석으로부터 철을 떼어 내는 것도 보통 일이 아닙니다.

자석에 철을 붙이기는 쉽지만, 자석에 붙은 철을 떼어 내려면 자력보다 더 큰 힘을 작용시켜야만 합니다.

이 때 사용할 수 있는 방법은 두 가지가 있습니다.

우선 자석과 쇠가 들러붙어 있는 면을 센 힘으로 들여 억지로 벌리는 것입니다. 이 때는 주로 캠과 레버를 이용해서 자석과 쇠가 들러붙어 있는 면에 조그만 틈을 줍니다.

자석과 철이 붙어 있는 면에 조그만 틈이 생기면, 그때부터는 큰 힘을 들이지 않아도 자석과 붙어 있는 철을 떼어놓을 수 있습니다.

두 번째 방법으로는 자석을 철과 붙어 있는 면에서부터 미끄러지도록 하는 방법입니다.

철에 달라붙어 있는 자석을 떼어 내기 위해서 수직으로 자석을 들어 올리려면 무척 큰 힘이 있어야 합니다.

만약 자석과 철이 붙어 있는 면이 넓다면 그 두 개를 떼어놓기란 거의 불가능합니다.

이 때는 자석을 옆으로 미끄러져 나가게 하는 것이 훨씬 수월합니다.

철공장 같은 곳에서는 철과 붙어 있는 자석을 떼어내기 위해서 자석 지퍼라는 장치를 사용합니다.

자석 지퍼는 철을 가공하기 위해서 고정시키는 데 사용됩니다.

그러나 자석과 부착되는 곳은 철판으로 되어 있는 것이 아니라, 엔극와 에스극이 서로 분리될 수 있도록 만들어진 비자성체의 칸막이로 되어 있습니다.

이 칸막이는 엔극과 에스극의 순서로 나란히 배열되어 있습니다.

자석은 이렇게 만들어진 칸막이 밑에서 극철판을 사이에 두고 배치되어 있습니다.

극철판을 경계로 하여 보면, 자석의 양쪽은 서로 같은 자극끼리 마주 보도록 배치되어 있게 됩니다.

이 때 한 장의 극철판은 자석의 엔극이나, 에스극 어느 한 쪽을 띠게 됩니다.

그 다음에 배열되어 있는 극철판은 주위에 있는 다른

극철판과 반대의 자극을 띠게 됩니다.

이처럼 자극이 만들어진 부착면의 칸막이판에 끼워져 철판부를 위에 두고 가공해야 할 철을 갖다 대면, 그 철은 자연히 자석에 부착하여 고정됩니다.

고정된 철을 다 가공한 후, 철을 자석으로부터 떼어내려면 극철간격의 절반만큼만 자석부분을 미끄러지도록 만듭니다. 그러면 자석 역할을 하는 극철로부터 흘러 나가던 자기력선이 바깥으로 나가지 않고 부착판 안에만 있게 되기 때문에 철이 잘 떨어져 나갑니다.

이러한 장치를 자석 지퍼라고 합니다.

박철판 부상기에 쓰이는 자석

얇팍한 철판이 여러 장 겹쳐서 쌓여 있다고 합시다.

철판을 옮겨야 할 일이 있어서 위에서부터 철판을 한 장씩 들어 올려야 할 경우에는 어떻게 해야 할까요?

이 때 자석의 반발력을 사용하면 문제가 깨끗이 해결됩니다. 얇팍한 철판이 여러 장 겹쳐 쌓여 있는 곳에 커다란 말굽자석을 갖다 대는 것입니다.

그러면 말굽자석과 맞대어 있는 철판이 자화되어 철판

의 끝에는 말굽자석의 자극과 반대되는 자극이 생깁니다. 그러나 철판이 여러 장 쌓여 있기 때문에 위아래 사이의 철판 칸에는 같은 자극의 반발력이 작용하게 됩니다.

그래서 여러 장 쌓여 있는 철판은 바람에 날리는 책장 모양으로 위로 붕 떠오르게 됩니다.

철판을 더 효율적으로 분리하기 위해서는 철판의 양쪽 끝에 각각 자석을 갖다 대면 됩니다. 실제로 공장에서는 이런 방법으로 철판을 운반하고 있습니다.

이 외에도 자석은 무척 많은 곳에서 편리하게 사용되고 있습니다. 도시의 수많은 쓰레기 중에서 쇠부러기나 철분을 가려 낼 때도 자석이 쓰입니다. 또한 모래 속에서 철 성분을 가려 낼 때도 자석이 쓰입니다.

쓰레기 분리수거를 할 때에는 주로 자기드럼을 사용합니다.

자기드럼에는 두 가지가 있습니다.

하나는 자석이 들어 있는 드럼과 보통 드럼 사이에 벨트를 수평으로 걸쳐서 사용하는 것입니다. 이 때의 자기드럼은 계속 회전하게 됩니다.

벨트에 실려 자기드럼까지 온 쓰레기가 드럼이 있는

곳에서부터 아래로 떨어지면서, 쓰레기 속에 들어 있던 철분은 벨트를 사이에 둔 채로 자석에 이끌려 드럼의 아래면으로 떨어져 내리게 됩니다.

다른 방법은 드럼 속에 자석을 고정시켜 놓고, 자석을 담고 있는 드럼의 몸체를 회전시키는 것입니다.

이 때 자석은 드럼 속을 꽉 채우는 것이 아닙니다.

드럼의 몸통 속을 절반 정도나 삼분의 이 정도를 채우도록 자석을 넣고, 이 드럼을 돌려가며 사용하는 것입니다.

이처럼 장치된 드럼의 위로 쓰레기를 뿌리면, 철분은 드럼 속에 들어 있는 자석을 따라 드럼의 아래쪽으로 내려가게 됩니다.

어떤 경우에는 쓰레기 속으로 자석을 집어넣어 철분을 빨아올리도록 하여 사용하는 경우도 있습니다.

자석의 미래

핵자기공명 단층사진 장치

자석을 이용한 과학 문명의 발달은 눈부시게 발전되어 왔고, 앞으로도 계속 연구발전될 것입니다.

자석을 이용한 기술은 특히 아주 훌륭한 성능을 보이는 란탄계열 철자석이 실용화되면서 그 위력을 한층 더 발휘할 것으로 기대되고 있습니다.

란탄계열 철자석이 실용화된다면, 자력이라는 자석의 힘이 무공해 에너지원으로써 인류 생활에 커다란 기여를 하게 될 것입니다.

자석을 이용한 첨단 장비들은 이미 실용화 되어 있는 것이 많습니다.

그 중에서도 우리 몸의 상태를 사진으로 찍어내는 핵

자기공명 단층사진 장치는 신기하기만 합니다.

우리 몸 속의 상태를 알기 위해서 주로 X선을 사용하여 사진을 찍어 왔습니다. 그러나 X선은 방사선 등의 위험이 있기 때문에 핵자기공명 단층사진 장치가 널리 사용될 수 있도록 개발되기만 한다면, 의학이 지금보다 한층 더 발달하게 될 것으로 기대되고 있습니다.

핵자기공명 단층사진 장치는 X선을 사용하지 않고 사람의 몸 속을 사진으로 찍어내는 장치입니다. 핵자기공명 단층사진 장치는 약자로 NMRCT이라고 합니다.

이러한 장치를 사용하면 아주 정밀한 뇌의 모습이나, 몸 안의 장기 상태 등을 정확하게 적어 낼 수 있습니다.

핵자기공명 단층사진 장치의 원리는 전자기파에 있습니다. 핵자기공명 단층사진 장치에는 초전도자석이 사용됩니다.

초전도자석을 사용하기 위해서는 섭씨 -273도를 유지하여야 하기 때문에, 핵자기공명 단층사진 장치는 무척 거대한 장치를 필요로 합니다.

요즘은 전자석을 사용하기도 하지만, 이것 역시 대전류를 흘려 보내야 하기 때문에 복잡한 장치를 해야합니다. 이러한 결점을 보완하기 위해서 란탄계열 철자석으로 만든 영구자석을 사용하는 방법이 연구되고 있습니다. 그러나 영구자석을 사용하더라도 아직까지는 8톤 이상이나 되는 거대한 장치로 이루어져 있기 때문에 핵자기공명 단층사진 장치는 앞으로 더 연구되어야 할 숙제입니다.

자기부상차

리니어 모터카란 바퀴가 없이 달리는 차를 말합니다.

요즘 우리나라에서도 고속 전철을 건설하자는 분위기에 들떠 있습니다.

리니어 모터카란 바로 고속 전철처럼 바퀴가 없이 자석의 힘으로 달리는 차 종류를 일컫는 말입니다.

리니어 모터카란 한 마디로 “자기부상”으로 달리는 차입니다.

레일 위를 차바퀴로 달려가는 지금의 철도가 낼 수 있는 속력은 시속 200~300km밖에는 되지 않습니다.

만약 차바퀴로 달리는 차가 최대 속도 이상으로 속력을 내려면, 차바퀴가 레일 위에서 헛돌아 탈선을 하게 되어 버립니다.

그러므로 최대의 속력을 내기 위해서는 바퀴를 없애는 것이 가장 좋은 방법입니다.

바퀴를 없애 버리면, 어떻게 차가 앞으로 나아갈 수 있을까요?

그것을 해결한 것이 바로 자석의 힘입니다.

자기부상이란, 자석의 힘에 의해서 떠오른 상태로 앞

으로 질주해 나가는 방법을 말합니다.

자석의 힘에 의해서 차와 레일을 떠오르게 하려면 자석의 어떤 성질을 이용해야 할까요?

바로 자석의 반발력을 이용하면 됩니다.

레일과 차의 밑부분에 똑같은 자석의 자극을 부착시키면 자석의 반발력에 의해서 레일과 차 사이가 일정하게 떠오르게 됩니다.

또한 자석에 의해 떠가는 방법으로는 자석의 끌어당기는 힘을 사용할 수도 있습니다.

이것을 자석의 인력을 이용한 자기부상법이라고 합니다. 자석의 인력을 이용한 자기부상법은 먼저 레일을 설치한 후, 차체의 지붕에 자석을 붙여서 매다는 방법입니다. 레일에 차가 달라붙어 버리면, 고속은커녕 차가 앞으로 달려가지도 못할 것이기 때문에, 차와 레일 사이에 약간의 간격을 두고 실시하는 방법입니다.

이 방법은 차와 레일의 간격을 얼마나 잘 유지하느냐 하는 것이 관건입니다.

현재 선진국에서는 자석을 차체의 바닥에 붙이고, 차체를 매달기 위해서 자석을 붙이는 방법을 연구하고 있습니다.

즉 차를 인간에다 비유한다면, 두 발로 서 있는 발등에 자석을 붙여 놓은 형태로 어떻게 나아갈 것인가 하는 방법을 연구하고 있는 것입니다.

또 한 가지 방법은 안짱다리처럼 발끝과 발끝을 마주 본 형태로 차체에 자석을 부착하는 것입니다.

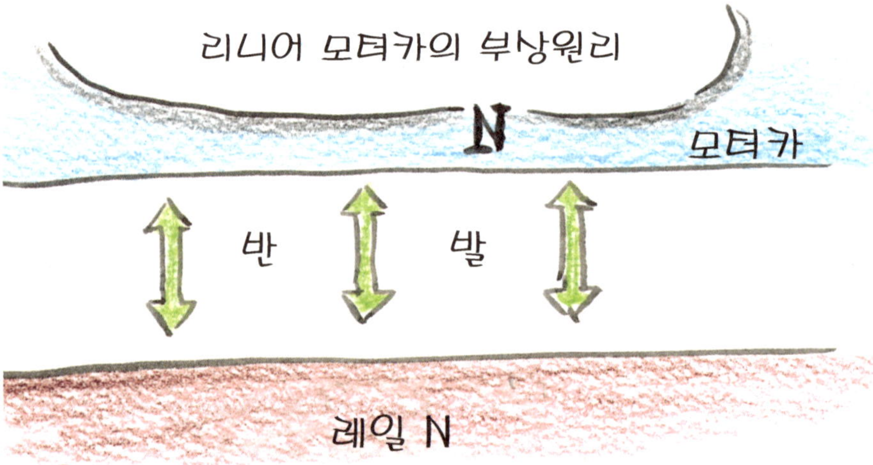

이러한 차가 다니는 레일은 T자 형태가 되어야 할 것입니다.

또한 차체의 끝을 무용수의 발처럼 바깥을 향하게 하고 그 위에 자석을 장착시켜서 레일 아래로 향한 면에 붙도록 고안된 방법도 있습니다.

이러한 방법은 일본항공회사 등의 선진국 기술 회사에서 개발에 박차를 가하고 있는 것들입니다.

일본항공에서는 도쿄와 나리타 공항을 연결하는 시속 300km의 새로운 교통기관을 개발하는 과정에서 부착식 부상차를 개발해 내었습니다.

이 자기부상차의 개발은 1972년에 착수되었는데, 1978년에 벌써 시속 300km의 속도를 내는 데 성공하였습니다.

그러나 1985년, 일본항공은 여러 가지 사정으로 말미암아 자기부상차의 개발을 중지하였고, 곧이어 다른 회사가 자기부상차의 개발을 서두르고 있는 실정입니다.

자기부상차에 사용되는 자석은 주로 전자석입니다.

전자석에 필요한 전류는 지상에 설치한 레일로부터 모아 전자석에 전달하도록 고안되어 있습니다.

전자석은 초전도자석이 아니기 때문에 냉각을 위한 장

치는 필요하지 않습니다.

그러나 고속으로 달려가는 차체에 외부에서 끊임없이 전류를 공급해 주어야만 합니다.

자기부상차는 서방 여러 나라에서도 개발에 열을 올리고 있는 신종 교통수단입니다.

서독의 자기부상철도 시험계획회사에서는 1985년에 시속 320km를 달리는 시범 차량의 운행에 성공했습니다. 이 회사는 시속 400km를 달리는 자기부상차를 개발한다는 목표 아래 개발을 추진하고 있습니다.

자기반발력에 의한 리니어 모터카를 주로 개발하고 있는 곳은 일본의 국영철도입니다.

자기반발식은 차체가 레일쪽과 간격을 좁히면서 가라앉았다가, 반발력이 형성됨에 따라 다시 들어올려지는 원리로 연구되고 있습니다.

차체가 어느 정도 높이 올라가면 반발력이 떨어지기 때문에, 차체는 다시 내려오고, 그러다가 다시 반발력에 의해서 일정한 간격이 유지되는 원리로 개발되기 때문에 자기반발식에 의한 자기부상차도 성공 가능성이 무척 높습니다.

하지만 열차처럼 무거운 물체를 자석의 반발력으로 들

어 올린다는 것은 무척 어려운 일입니다.

그러므로 자기반발식 자기부상차에는 초전도자석이 사용됩니다.

일본의 국철에서 실험 운행한 열차 MUL001호는 길이가 10m이고 무게가 10톤 나가는 열차였습니다.

MUL001호는 3량으로 이루어진 자기부상 실험 열차였는데, 시험운행에서 10cm를 뜬 상태로 220km의 속도를 내었습니다.

이 열차 중에서 한 량을 떼어 내고 두 량으로 운행했더니, 시속 300km가 넘는 속력으로 운행하는 데 성공을 거두었습니다.

이처럼 반발식이건, 인력식이건 차체가 공중에 떠 있는 상태에서 무서운 속력으로 달리는 리니어 모터카란 정말 믿어지지 않는 장비입니다.

하지만 이러한 첨단 교통 장비가 세계 곳곳에서 개발되고 있고, 우리나라에도 곧 건설된다고 하니, 자석을 이용한 인간의 문명은 개발되고 또 개발되어도 그 끝을 알 수 없는 듯합니다.

3 자기냉동

자석을 이용해서 냉동하는 방법은 꿈에서나 있을 법한 이야기입니다.

도대체 자석과 얼음이 어떻게 연결될 수가 있다는 말일까요?

하지만 자석을 이용해서 냉동하는 방법이 성공한 것은 지금으로부터 60여 년 전인 1934년의 일입니다. 이 때 자석을 이용해서 만들어 낸 온도는 섭씨 -272도라는 온도입니다.

그 후로부터 지금까지, 자석을 이용한 냉각법은 끊임없이 연구가 계속되고 있습니다.

냉동법 중에서 가장 일반적으로 사용되고 있는 것은 기화열 냉각법입니다.

기화열 냉각법은 가정용 에어컨이나 냉장고 등에서 이용되고 있는 방법입니다.

기화열 냉각법은 액체가 증발하여 기체가 될 때, 주위로부터 기화열을 빼앗아감으로 해서 냉각이 일어나는 원리를 이용한 방법입니다.

지금은 환경공해 물질로 사용이 금지되었지만, 몇 년

전까지만 해도 냉장고에 쓰인 냉각 물질은 프레온이라는 가스였습니다.

프레온 가스를 압축해서 아주 높은 압력으로 꾹꾹 눌러 담으면, 프레온 가스의 온도가 높아집니다.

이처럼 고압, 고온 상태의 프레온 가스는 냉장고의 뒤쪽에 붙어 있는 방열기 겸 응축기로 흘러 들어가게 됩니다. 이 때 프레온 가스는 자기가 갖고 있던 열을 방열기로 발산시키면서 자기 자신은 액체로 변합니다.

액체로 변한 프레온은 냉장고 안에 있는 증발기로 흘러 들어갑니다.

냉장고 안으로 들어간 액체 프레온은 다시 기체가 되기 위한 열을 냉장고 안에서 빨아들입니다.

냉장고 안의 열을 잔뜩 품은 프레온은 다시 기체가 되고, 냉장고 안은 자꾸만 프레온에게 열을 빼앗기기 때문에 시원한 상태를 유지할 수 있게 되는 것입니다.

그러나 이처럼 유용하게 사용되던 프레온은 공기를 오염시키는 환경공해 요인으로 지적되어 이제는 더 이상 냉각제로 사용할 수 없게 되어 버렸습니다.

이 때 프레온 대신으로 사용될 수 있는 것이 바로 자석입니다. 자석 냉각은 아직 실현되지는 않았지만, 세계 곳곳에서 활발하게 연구되고 있는 미래의 자석학 중의 하나입니다.

자석 냉각을 설명하기 위해서는 앞에서 몇 번 나왔던 퀴리온도를 기억해 내어야 합니다.

퀴리온도를 발견한 사람은 피엘 퀴리입니다.

피엘 퀴리는 라듐을 발견한 유명한 화학자 퀴리 부인의 남편입니다.

피엘 퀴리는 유명한 물리학자인데, 그의 대표적인 업적이 바로 "퀴리온도"를 발견해 낸 것입니다. 퀴리는 기체가 액체로 변하듯이 약한 자력을 가진 상자성체도 강자성체로 변할 수 있다고 생각하였습니다. 기체가 액체로 변할 때는 물질의 형태 자체가 변합니다.

그러나 약한 자력을 가진 상자성체가 강한 자력을 가진 강자성체로 변할 때는 기본적인 물질의 형태는 변하지 않고, 다만 그 성질만 변할 것이라고 퀴리는 생각했던 것입니다.

기체는 항상 무질서한 상태를 이루고 있습니다.

액체는 기체에 비해서는 정돈되었지만, 고체에 비해서는 별로 정돈되었다고 말할 수 없는 상태입니다.

고체는 분자들이 질서정연하게 아주 잘 정돈된 상태를

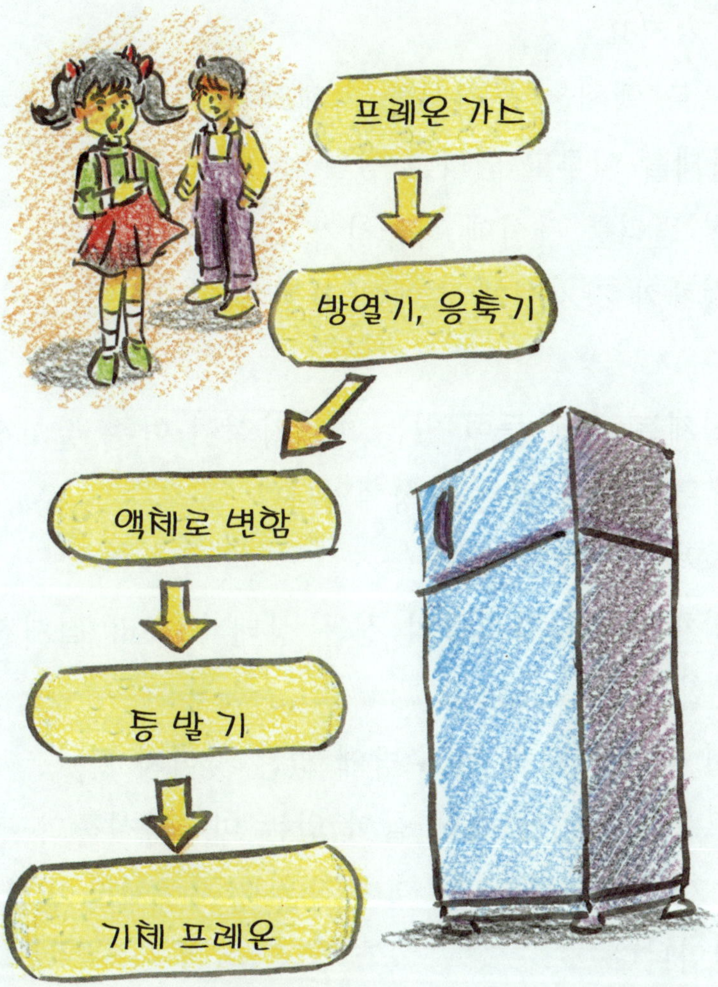
프레온 가스
방열기, 응축기
액체로 변함
증 발 기
기체 프레온

이루고 있지요.

그러므로 액체는 무질서한 기체와 질서정연한 고체의 중간 상태를 이루고 있다고 말할 수 있습니다.

이러한 원리를 자석에 적용시켜 봅시다.

상자성체와 강자성체 속에는 모두 미니자석이 들어 있습니다.

강자성체는 속에 들어 있는 미니자석이 아주 질서정연하게 잘 정돈되어 있는 자성체입니다.

상자성체는 어떻습니까?

상자성체는 미니자석들의 정돈 상태가 그리 질서정연하지 못합니다.

그래서 약한 자력을 띨 수밖에 없는 것이지요.

그러므로 상자성체 속에 들어 있는 미니자석들의 정돈 상태를 가지런히 한다면, 그 물질은 강자성체로 변할 수 있을 것입니다.

이러한 생각이 퀴리의 머리 속에 자리잡자, 그때부터 퀴리는 상자성체 속에 들어 있는 미니자석을 어떻게 가지런히 정리할 것인가에 대한 연구를 하게 되었습니다.

이렇게 해서 알아낸 방법이 바로 냉각법입니다.

즉 상자성체를 아주 저온 상태로 두면, 그 안에 들어

퀴리온도

있는 미니자석들이 질서정연하게 정돈한다는 사실을 알아내었던 것입니다.

퀴리는 미니자석들이 질서정연하게 정돈되어 강자성체를 이루도록 하는 온도에 자기 이름을 붙여 "퀴리온도"라고 불렀습니다.

퀴리온도는 물질에 따라서 다릅니다.

미니자석의 상태가 무질서한 상자성체를 잘 정돈된 미니자석 상태의 강자성체로 만들려면 퀴리온도가 필요하듯이, 이 원리를 뒤집어 생각해 보면 자석 냉각의 이치가 나옵니다.

즉, 미니자석이 잘 정돈된 상태의 강자성체를 미니자석이 무질서하게 흐트러진 상자성체의 상태로 만들려면 높은 열이 필요하다는 것입니다.

강자성체가 상자성체로 바뀌기 위해서는 주위에 있는 열을 흡수할 것이므로, 이러한 과정에서 냉각 현상이 일어나게 되는 것입니다.

자석 냉각을 실행하기 위해서는 상자성체로 변하는 과정에서 열을 흡수해들일 강자성체를 잘 선택해야 합니다.

철이나 니켈, 코발트는 퀴리온도가 높기 때문에 자석

냉각을 하는 데는 별로 쓸모가 없습니다.

자석 냉각을 하는데 적당한 강자성체는 가돌리늄이라는 란탄계열 금속 같은 종류가 선택됩니다.

자석 냉각을 하는 순서는 다음과 같습니다.

먼저 강자성체를 자화하여 미니자석이 정돈된 상태로 만드는데, 이 때 나오는 열은 방출기를 통하여 밖으로 내보냅니다.

그 다음으로 자화를 멈추면 강자성체는 무질서한 상태가 되기 위해서 점점 열을 흡수하게 됩니다. 이 때 자성체가 냉각기와 연결되어 있으면, 냉각기 안의 열을 흡수하기 때문에 냉각기는 항상 저온을 유지하게 됩니다.

이런 과정의 자석 냉각은 금방이라도 실현될 수 있을 것처럼 보입니다.

그러나 자석 냉각을 실제로 실험해 보면 생각보다는 풀어야 할 문제가 많습니다. 자석 냉각을 하기 위해서는 강자성체를 사용해야 하고 압축기 대신으로 또한 초전도자석을 사용해야 합니다. 온통 자석 투성이의 냉각 방식입니다. 그러므로 가정용 자기냉각식 냉장고가 나올 정도에 이르려면 무척 많은 연구와 실험이 뒤따라야 합니다.

하지만 언젠가는, 생각보다 훨씬 빠른 시기에 자석 냉각식 냉장고를 우리의 부엌에 넣어 두고 살게 되는 날이 오고야 말 것입니다.

자기력선의 비밀

2007. 7. 5 인쇄
2007. 7. 10 발행
엮은이 대한과학진흥회
펴낸이 신 주 황
펴낸곳 스완미디어
등록 제2-4534호
주소 중구 만리동2가 12-33 태영빌딩
대표전화 02) 393-0026
팩스 02) 312-8349

ISBN 978-89-92565-11-0

값 8,500원
※ 잘못 만들어진 책은 구입하신 곳에서 바꾸어 드립니다